玩意儿

① 画外烟云

高西悦 / 著

九州出版社
IUZHOUPRES

图书在版编目（CIP）数据

画外烟云/高悦西著. 一北京 ：九州出版社，2012. 1

（玩意儿）

ISBN 978-7-5108-1334-4

Ⅰ. ①画… Ⅱ. ①高… Ⅲ. ①中国画一收藏一中国一通俗读物 Ⅳ. ①G894-49

中国版本图书馆 CIP 数据核字（2011）第 279941 号

玩意儿：画外烟云

作　　者　高悦西　著
出版发行　九州出版社
出 版 人　徐尚定
地　　址　北京市西城区阜外大街甲 35 号（100037）
发行电话　（010）68992190/2/3/5/6
网　　址　www. jiuzhoupress. com
电子信箱　jiuzhou@jiuzhoupress. com
印　　刷　北京通州佳明伟业印务有限公司
开　　本　710 毫米×1000 毫米　16 开
印　　张　15
字　　数　223 千字
版　　次　2012 年 5 月第 1 版
印　　次　2012 年 5 月第 1 次印刷
书　　号　ISBN 978-7-5108-1334-4
定　　价　33.00 元

序

悦西贤甥（我叫他“甥”，真不是想占便宜。我跟高悦西的母亲王燕女士长期在一个出版单位工作，且一处就是二十多年。和他的爷爷奶奶住在楼上楼下，两家都是典型的“五好家庭”。用佛家的话说，我们大概都做到了“六和敬”），是我眼看着长起来的。原在我的眼中不过嘎小子尔耳。

这两天听悦西娘说：一不留神，这孩子“成事儿”了。

我问：成了何事儿？难道要“奉子成婚”了不成??

他娘说：他写的书不日将付梓出版。

我说：好哇，他比韩寒小不了几岁，干嘛不能出书？但不知写的是什么……

该书叫《玩意儿》，好一个“玩意儿”，细细读来，颇多玩味。不禁从中叹来，如今是“怎一个后生可畏”了得?！悦西说，他写这本书是受我写《打眼》的启发和影响。我说，不能够！《打眼》是我瞎写的，自曝糗事罢了。文不达意，全无考证。而悦西的文章，虽不敢说“字字珠玑”，但流畅中不乏老成，您大概真想象不出来“我外甥”其实是个80后不认，90后没到的“准”80后……并且，悦西作为一个土生土长的北京人，还在语言中带着他这个年代的“北京口音”，用他本人的话讲叫“疑似京味儿”。

父一辈，子一辈。要我为该书“作序”。

我寻思，这是部写古玩的书，也只能拿我“说事儿”，正可谓：此处无朱砂，红土也为贵。我就权且当一回“红土”。好在悦西写的是“文化”，要是弄出一本《杜拉拉后传》来，我还真不敢“下家伙”（“杜拉拉”好像全称叫《杜拉拉升职记》。当是本好书，否则没有火爆的道理。只是恕我愚钝，读不来也读不懂。特此声明）。

现在我们所能看见的跟古玩沾边的书，教人辨伪的居多，这是刺激大家伙往收藏大军里挤，而且是削尖了脑袋挤，生怕赶不上“第五次收藏热”这班车，也渴望着体会一把从那些大藏家口中经常听到的买了好东西的快感，体会了文化带给他的乐趣云云，而这种乐趣，我以前在不同场合也都说过：离咱们老百姓远了去了！

离咱们近的也有，只是另一种感觉，就是那种被人告知千辛万苦买了瞎活之后的悔恨和心疼，心疼什么呀，心疼自己那一笔笔交不完的“学费”。

您各位与其还纠缠在古董收藏的是非与真假优劣的漩涡之中，弄得自己见天苦得跟什么似的，还不如踏实下心来，读一读这些关于文玩背后的历史和故事，这种乐趣是无压力的，至少，您还能在“白话”的字里行间感受“古董”不单单只有打眼、捡漏、升值……还有它带给人们最重要的，也是被忽略或者歪曲最严重的，就是历史的遗韵，还有文化的内涵。

今天，我们有一个共同的认知：实现中华民族的伟大复兴，是我们这一代和我们子孙们的神圣使命。因为我们是华夏子孙，我们的血液中流淌着中华民族优秀文化传统的“基因”。

高悦西的《玩意儿》，在戏谑的口吻中对传统文化和“它们的物证”不乏见地，亦庄亦谐，堪值一读。

仅从这一点来说，《玩意儿》跟“杜拉拉……”无可比性，而较《打眼》则好之远甚。

是为——“序”也。

片儿白

2011年3月4日于北京回龙观

前言

我一直试图想在前言的篇幅里稍微阐述一下我的写作初衷，但是在我看了白老师为我做的序之后，感觉我没啥可说的了，索性，就专门针对这本表现中国古画流传有绪的作品做一个绪论吧。

由于我自幼学习西方美术，对于欧洲绘画比较了解，国画次之，但是这毕竟属于艺术文化史的范畴之内，加之我是一个中国人，不对本国的绘画艺术加以研究多少有点说不过去，于是，我在给这一系列丛书分门别类的时候第一个想到的就是——画。

对中国传统绘画的解读其实可以从三个层面来看。

第一，技术层面。辨别真伪，跟文物鉴定是一样的。国学大师启功先生是我高山仰止的一位文化巨人。他在书画鉴定方面是很厉害的，咱是不懂，这回没假谦虚，真不懂。不过这也很正常，我要连这一套“手艺”都门儿清了的话，那专家就都变成“砖家”了，都抄板儿砖奔我来了。

第二，文化层面。这个咱们就有的说了，我总感觉看我们的国画古卷与欧洲的传世名画能感受出两种艺术家的心态。前一个比较超脱和纯净，后一个比较市侩。国画的题材以文人画居多，画山水，画花鸟，要么就给你来个大写意，反正你看不出来时代对艺术产生过什么影响。尽管以顾闳中和周文矩为代表的宫廷画派也画一些场景来表现当时的状况，但是自从时间过了宋代，这种画就越来越不占主流了，那什么是主流的呢——《富春山居图》。大家都改画山水了，中国文人讲究的就是个超脱世外，有人说学而优则仕，那是他们不够境界，真正的境界得是“归去来兮”那种的，学成文武艺，货与帝王家的人，高雅脱俗的文人可看不起了——你们丫忒庸俗。所以，文人国画的题材从能够反映出时代特色的《虢国夫人游春图》或《清明上河图》变成了“秦时明月汉时关”、“烟笼寒水月笼沙”的山水花鸟。

最后，我想从流传层面说。记得是去年夏天的一个晚上，我清楚地记得那天刚开始踢世界杯，我跟一帮人一块在夜市聚餐（图凉快），其中有几个还是图书行业的，有一个出版社的总编在饭桌上跟我们大讲关于文玩流传怎么怎么吸引人，怎么怎么有故事，说了一堆，具体的我记不住了，就记得那天我一人吃了二十多串羊肉串，对了，还有好些腰子。回来以后我重新整理了一下思路，打开电脑看了一下我已经完成了十五万字的一部写史的作品，这部作品中途断了大半年，返回头来重新看了一下，估计是我水平提高了，我感觉当时写的太次，有太多地方需要修改，修改量比重新写小不了多少，我心想拉倒吧您呐，我别开生面，以文玩流传为线索，聊一聊文物背后的历史文化的事儿，您还别说，这类作品我在书店里还真没怎么看到过，因为本身我也是一个文玩古董的爱好者，尽管自己不收藏，但是我对这些东西极为感兴趣，拿它当艺术来研究，要说写故事，还真是能讲出不少来。如此一来，既能打破传统写史读本的模式，又能将我想表达的东西表达出来，将文玩与历史结合起来，这种思路比较吸引我。

其实论起文玩中的书画类来，流传的脉络是比较容易被理清的，画的开头与结尾有题跋，有盖章，经谁的手，又转与谁，十分明确，与之形成鲜明对比的就是杂项，文玩核桃和橄榄核，再有就是玉器，你能鉴定玉器的好坏，你怎么鉴定他的历代主人？你从上头给我找出董其昌的指纹来？不可能啊。

在我脑子里，有大量中国传世名画可以写写，我必须进行筛选，我一气儿可写不了那么些个，篇幅也不允许，于是乎，我就从中选取了几个能反映时代艺术特色的，故事又比较曲折富有戏剧性的，再加上也是我最为熟悉的几幅画来写。

那么，这第一幅画就从流传过程被世人误解很深的《游春图》说起。

目录

第一章

马老板，对不住，我们冤枉了您

——《游春图》

• **展子虔《游春图》**

《游春图》长卷，绢本设色，横 80.5 厘米，纵 43 厘米。

展子虔（约 550—604），渤海（今山东惠民县何访乡展家村）人，北齐至隋之间山水人物画家。曾任隋朝朝散大夫、帐内都督。

展子虔绘画题材广泛，手法多变，善画佛道、人物、车马、山水、殿阁、翎毛等，功力全面而深厚，其中尤以山水闻名。与顾恺之、陆探微、张僧繇并称为前唐四大家。

此图卷主要描绘人们游春踏青之景，被学者认为是中国山水画中最早的作品。

图卷以自然风光为主，中有人物、殿阁点缀其间，多以青绿勾填法描绘山川、人物等意象。

该画收录于《宣和画谱·道释卷》。《画谱》中对其评价是：“写江山远近之势尤工，咫尺有千里之趣”。明代鉴赏家詹景凤曾极为细致地评价：“其山着重青绿，山脚则用金泥，山上小林木以赭石写干，以沉靛横点叶，大树则多勾勒，松不细写松针，直以苦绿沉点。松身界两笔，直以赭石填染而不能松麟。人物直用粉点成后，加重色干上分衣折，船屋亦然。此殆开青绿山水之源，似精而笔实草草。”在画风上，展子虔确实影响了诸如唐代李思训等一批山水画家，故，展子虔被誉为“唐画之祖”。

这是一张很古老的风景画。

《游春图》为隋代著名画家展子虔所绘。先后经历了宋徽宗、贾似道、严嵩、韩世能、梁清标、安岐、乾隆等人收藏，最后被溥仪带往东北。溥仪被苏联人抓走以后，这幅画成了“没娘的孩子”（最后由张伯驹捐献给了国家）。

有很多学者质疑这幅画的真伪，倒不是说假的，只是与我们传言的时代不符，是不是隋代的，是展子虔的亲笔，还是唐人的摹本。

为了能确定国宝的年代和作者，认真研究一番倒也不错。

但在这里我就不作太多考证了，就姑且当做它是隋朝展子虔画的。这并不影响它的流传和这幅画本身的艺术价值。

宋代这幅画被纳入宣和内府，徽宗在画头上写了“展子虔游春图”这几个字，故给这位“没娘的孩子”上了户口。但是仍旧有人质疑这几个字是不是宋徽宗写的。

宋徽宗对于书法艺术的最大贡献莫过于独创了“瘦金书”。这是一种不像毛笔写的毛笔字，笔划极其尖细，在横竖的收笔处会出现很明显的向下顿笔。撇如匕首，捺如切刀，竖钩细长；有些连笔字像游丝行空，已近行书。

• 宋徽宗赵佶书法

宋徽宗本人是皇帝，所以他的书法用具一定是最高级、最好用的，从“工欲善其事，必先利其器”的角度讲，这一点很有利于他发挥出最好的水准。其中《楷书千字文》、《夏日》等作品均被视为书法名帖。金章宗完颜璟十分欣赏瘦金体书法，自已临摹，遂他的书风也很得瘦金之神韵。

但是问题就来了，毕竟写出一笔好的瘦金书是人力所能达到的范围，宋徽宗本人也不过是勤加练习而已，你看，金章宗就能够模仿得像，别人就模仿不像啦？

我见过很多当代的朋友模仿瘦金体可以乱真，功力相当深厚。

说明瘦金书这种东西，天底下，一千年来，可不是就他赵佶一人儿会写。

有人为了摹古，但是有人为了欺世，专门练习瘦金书，为的就是在假画上题签。

因为那帮人知道大凡宋以前名家的传世古画，有两关是一定要过的，一关就是徽宗，一关是乾隆。

从《游春图》上的题签来看，还真有可能不是徽宗亲笔手书的，因为仔细看笔画有点粗，而徽宗写字笔画是极细的，像竹叶，像匕首。

甭管怎么说，这些都属于有争议的范畴，在此便不做太多叙述了。

绍兴元年（1131 年），赵构在杭州定都，升杭州为临安府，建立南宋政权。

尽管有很多原藏北宋宫中的古董散失了，但是亦有很多被迁移了过来。

宋徽宗的收藏有一部分被金人占有，另外一些则四处流散，宋高宗南逃时带走的则是微乎其微的。所以，听说北方边境上活跃着一个专门买卖前朝皇家珍宝的市场后，宋高宗立即招募了一批艺术品鉴定专家，派其中一些人前往北方尽其所能把他父亲的藏品都买回来……到 1162 年他在位的最后一年，宋高宗从一无所有开始到最后终于建起了一个庞大的收藏宝库，其规模已经超过了徽宗当年的收藏。①

---

① 【美】珍妮特·埃利奥特 Jeannette S. Elliott 著《中国皇家收藏传奇》。

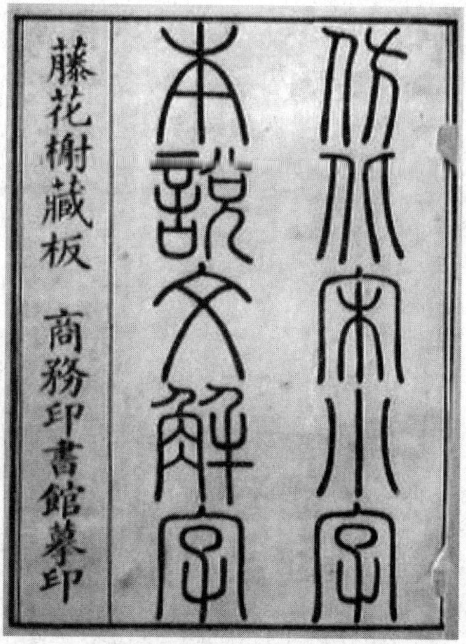

• 仿北宋小字本说文解字

南宋理宗朝，《游春图》这幅画被当时的权臣贾似道所有。

贾似道家里头有人，因为姐姐是皇上的小蜜，贾家得以鸡犬升天，这应该算得上是一种裙带关系吧，不过在现在看来这种情况再正常不过了。我们总愿意觉得这种“非正当竞争手段”下的官员应该都是些泛泛无能之辈。实际不然，贾似道就很有能力，但是他这种能力是矬子里拔将军的能力，跟那些“殿堂级”宰相当然没法比，但是就时下，贾似道当朝的那段时期以来，有他就算不错了，放眼望去这满朝文武，人才济济，都还不如他呢。

在中国收藏史上，贾似道也有一笔。

这哥们儿好收藏，好聚奇珍异宝，传世书画。当他被诛之后，他的藏品兵分两路，一路上缴朝廷内府，一路下放到市井。

元朝，有一个收藏界里比较特殊的人物需要介绍，这人不能叫“哥们儿”了，得叫“姐们儿”，这姐们儿很传奇，她是元朝仁宗皇帝的妹妹，号称“皇姊大长公主”祥哥拉吉。我打字拼她名字的时候输入法头一个显示的是“像个垃圾”，确实谐音是这么念，但是这姐牛着呢，现实中人家可不“垃圾”。

她是中国历史上为数不多的女收藏家，我们知道女收藏家比较有名的有李清照，当然如果慈禧也算的话。

这位姐平生收集珍玩是一大嗜好，而且她有两枚印章，一枚叫“皇姊图书”，一枚叫“皇姊珍玩”，她收来的字画上面要加盖这两枚印章。她得到了《游春图》，就盖上这些印了，还有什么《梁武帝半身像》、《罗汉图》全都是。

中国古代的名人字画多讲究收藏者的题跋与钤印。《说文解字注·足部》：“题者，标其前；跋者，系其后也。”所以，我们通常称于画首的文字为“题”，画末尾的文字为“跋”。加盖个人印章以表示收藏者的独一无二。当画面主体、题跋和印章三者俱全时，画作则成为一幅完整的收藏品。

中国人自古以来都是讲究盖印的，我们对于签名的习惯弱于西方，而更多的是制作一种不会更变的工具来作为自己的标记，故印章应运而生。其内容既可以是主人的名号，亦可以是短语，短语多用于彰显主人的个性，如成语、座右铭等。

另外，通过本文之初我写的该画的流传顺序中大家能够发现，怎么这里头还有严嵩啊，严嵩，就是写“六必居”的那个。

据流传，这幅《游春图》原是大明内府所藏，但是后由于严氏父子在朝中炙手可热，画很容易就跑他们家去了。

举个例子，我们看和珅，为什么他们家藏的东西多呀，权势通天呀，天就是皇上，乾隆爷收藏了多少东西，和珅在乾隆手底下，家里头好东西能少得了吗？今儿赏一个明儿赏一个还不算，您还可以贪污呢，是吧。地方上的各级官员给朝廷进贡，先得给和府送去，和珅先挑，他挑剩下的再给皇上。所以后来抄家的时候发现和珅家里好东西比皇上的还多呢。这玩意儿嘉庆皇帝看了之后能不生气吗，他不光生气了，还有点“羡慕嫉妒恨”了。

不过跟和珅有所不同的是，严嵩最后尽管也被抄家，但是他们家特逗，严嵩家产抄检清单《天水冰山录》里记载，除去一般的宝贝以外，还有一大堆拔步床、镶嵌大理石床、雕花凉床，等等，光这些床大大小小加在一块共计六百四十件。

他一人弄那么些床，有点意思，这些床肯定不是睡觉的，他睡不过来，一晚上得换八个地方，随身得带 闹钟，刚躺下五分钟“铃铃铃”，严嵩起来扛着被卧、枕头，走！二号房间。这一宿基本上没合眼，光换床了。

沈从文《读展子虔游春图》中介绍：这个画入故宫年月，或在严嵩家籍没时，或时间稍晚，约当十八世纪。流落民间却并不多久。一九二四年溥仪出宫时，带走了大几百种旧藏贵重字画，其中即有名画一堆。照故宫溥仪起居服用日常生活看来，不像是个能欣赏字画的末世帝王，所以把这些劳什子带出宫，用意当不出二事：一换钱，托罗叔言转手换日本人的钱。二送礼，送日籍顾问及身边一小群遗老应时进见行礼叫一声万岁的赏赐。可是这些画后来大部分都给了溥杰，有些“九一八”后即流传平津，有些又在抗战胜利后，才从各方面转到当时东北接收大员手中，或陆续入关。

那么，这幅画最后又是怎么到张伯驹手里的呢。

讲到这里，我恐怕要给琉璃厂玉池山房的马老板正个名了，其实也不是我正，人家当年直接参与《游春图》交易的李卓卿李老先生已经给正过名了。

这是从何谈起呀，如果有的朋友您关心过这幅画经张伯驹的买卖经过，您会发现这是张伯驹“悬崖勒马”，从一个叫马霁川的大古董商手里强行买过来的，而当时，马霁川是要把这幅画暴利卖给洋人的。

那时节，将文物主动拱手让给洋人是一大耻辱，具有爱国心的张大公子不可能让国宝这样流出海外，于是便抢先把画买到了自己手里，可是马霁川张口开了个巨额的价钱，张伯驹一时难以支应，为此他和夫人艰苦地把钱凑齐，才算完事。

故事大家都是这么说的，您这么一看，这个叫马霁川的家伙整个一混蛋啊，又唯利是图，又卖主求荣，整个一汉奸呀。

那我要说这些故事的情节全是错的呢？我要说这是对马先生的一种诋毁。

现在，我简单地把事儿如实说一遍。

“二战”结束后，日本无条件投降，伪满洲国灭亡，当时的东北长春散落着很多溥仪从北京带到伪满皇宫里的珍宝，大家对于这些散逸民间的宝贝趋之若鹜，集体哄抢。

北京琉璃厂也有很多古玩商去东北，看看能不能收着些当年的好东西。

有这么一回，北京琉璃厂穆蟠忱老板、马霁川老板、冯湛如老板、李卓卿老板一起联合在东北购置了十余件书画作品，《游春图》便为其中之一。

而因为该画年代最为久远，历史价值也最高，所以大家都最为看好这一桩生意。把很多希望寄托在了《游春图》上。

这次去东北收宝行动的主要组织者是穆蟠忱，那么他便是主事者，剩余的都以股东的面貌出一份财力，因为那些名贵的字画也不是仨瓜俩枣钱就能忽悠得下来的，一个人的资金怎么也有限，所以就团结力量大了。

这些画买来后都存放在穆老板那里。

货购得了，下面得找买主啊，谁买呢？

张伯驹买。

我们知道张伯驹是民国四公子之一，在当时和袁克文、张学良、溥侗齐名。

这位大收藏家一生就把主要精力投放在买古玩上了。他原来是封疆大吏的后代，家资万贯，后来买古董给败得差不多了，最后几乎倾家荡产。这让他老爹九泉下知道估计脸色都得给气绿了，你小子太败家了！但是张伯驹不管，他从大义，为国保护国宝不落到洋人手中。

为了避免有朝一日这些画被洋人高价买去，所以张伯驹准备出资购买这幅《游春图》。

找到买主了，后面的问题就是确定买卖双方，确定中间的保人。

买方张伯驹，卖方的全权代理人是李卓卿，中间人是李卓卿的挚友马宝山。好了，现在人齐了，可以交易了。

双方谈妥的价格是两百两黄金，概念就是二十根金条，但是张伯驹的黄金纯度不够，成色亦不好，所以实际应该也就在一百三十多两，到不了要求。这样一来，张伯驹就开始"砸锅卖铁"，把余下的也凑出来，但是之前他可以先把画拿走，尾款慢慢凑，多咱凑出来了，多咱把账结干净了。

可是他这笔钱不好凑啊，因为这时候他已经家道中落了，手头不富裕啊，这便引出了他与妻子潘素艰难地为筹钱而变卖家产、金银首饰的行为。

最后千辛万苦又凑出了四十多两，马宝山几次三番来催，但是交不齐确实是交不齐，你催也交不齐，能不能等？反正现在张伯驹要钱没有要命一条。马宝山没办法啊，也得等啊，也不愿意因为这件事情伤了交情。毕竟张伯驹说过到时候一定给你凑齐了。

按说张伯驹正人君子说到做到吧，但是就这一回，张伯驹最后一直欠着后面的三十两，到末末了也没还上，估计是真凑不出来了，困难到一定程度了都。

最后这几家古董商号们也都理解张伯驹，大伙一商量，算了，三十两何足挂齿，生意也不外乎人情，就不再追究了。这事儿就这么不了了之。

交易也就是这么完成的，顶多就是张伯驹拖欠了款项，让这事情显得不那么干净利落脆，别的环节都十分单纯，但是后来人一杜撰好家伙了！那玩意儿热闹的，什么马霁川老奸巨猾，漫天要价吧，又什么马霁川唯利是图，企图暗中偷偷把《游春图》高价卖给洋人吧……

乱七八糟屎盆子全都扣马霁川脑袋上了，他招谁惹谁了，多冤得慌啊，马霁川老先生已经作古，他要是知道后来这帮人写文章这么塑造他，子弹要一毛钱八粒儿非给那帮人先来一万块钱的不可。

可气，更可乐。

我也看过不少描写这一段交易的纪实文章，写得有鼻子有眼儿的，连对话都给你编得合情合理，说马霁川老板一口价要八百两黄金，扯！主持交易的是李卓卿，他马霁川就是一股东，他凭什么要价儿啊。

当时这单生意是四拨人一块做的，其中任何一方都无权做任何决断性行为，必须大家都同意才行，马霁川也没这个权力，他还偷偷卖给洋人？

他卖什么呀卖。听着就假。

所以当后来这种不正确的并带有一定诽谤性质的说法渐渐成为关于展子虔《游春图》的主流看法的时候，大家就更肆无忌惮地以讹传讹了，结果就让错误变得更主流了。

渐渐的，有些书籍，有些文章，网上都支持这一种说法了。

那些真正知道事情到底是怎么回事儿的人看到这些虚假的描写估计乐得假牙都能掉地上。然后只能无奈地摇摇头，默默地俯下身去，把假牙捡起来冲冲……

故，写到这里，我们就不得不诚挚地，满怀歉意地对玉池山房已故的马霁川先生道一句：“马老板，冤枉您老人家了。”

那么说这位马霁川老板到底是个什么样的人物呢，我觉得有必要说明一下，要不然各位读者如果有的真不了解他的话，当看到一些关于他的负面的介绍之后，怕没有抵抗力，所以我得先给马先生抱一个不平。

玉池山房的马霁川原是一名手艺精湛的书画装裱师，光绪年间在北京竹林斋、竹石斋做学徒。

• **马霁川**（1892—1959）

• **琉璃厂**

后来因其装裱手艺超群，做买卖又讲究诚信，对客户负责，达不到效果，全额退款。因为这个，他积累了很多好的口碑，生意也发展得很大，在当时的古玩行里这个名字大家都知道。

玉池山房是马老板开的一家以字画装裱为主的店面，其中应该也做一些古玩的生意，但是他们做生意有一个原则，而且这个原则还相当的重要，就是忌讳国货外流。

在琉璃厂古玩商之间，大家普遍都认同这一点，也都能充分理解，基本上还都是按着这条原则去做的。

这就说明了商人尽管“重利轻别离”，但是也不能一竿子打死一船人，古玩商好歹也是文人居多，不了解历史文化他干不了这行啊，不然不就光剩“打眼”了吗。所以这些人一定有自己的道德底线的，背叛祖宗的事情不做，败家的事情不做。

把中华民族自己的东西卖给非本民族的国度，就属于一种败家，尽管有利可图，但是当时人比现在人更在乎“君子求财，取之有道”这句话，所以别觉得那会儿人都怎么着似的，那会尽管社会乱，但是好人还是很多的。

好了，旁的就不说了，咱们还是书归正传。

《游春图》被张伯驹买走了以后，到了后来，我们知道一个结果，就是张伯驹将家藏的很多珍贵名画无偿捐献给国家了。无偿啊，原来他买的时候可都是倾自己全部的财力买的，现在无偿捐献，就好像是自己掏腰包，为国家尽义务收购散逸文物的。

可关键是那时候中国不是现在的人民政府，旧政府人民不怎么信任，张伯驹不是冲着国民政府，那时他纯是为了社会，为了国人的尊严来争取抢救国宝，避免流失海外。

后来他知道这些东西他终不能永世拥有，人的寿命是极有限的，所以他才选择了捐献，那时中华人民共和国已经成立了，政府博得了人民的信任，也博得了张伯驹的信任。

张伯驹为国家可谓"蜡炬成灰泪始干"，但是后来也遭到了迫害。

有极左的人给他确定的名号是"封建阶级的孝子贤孙，资产阶级在文化界的定时炸弹"。

这话不知从何说起，而且听着就互相矛盾，先半句说是封建阶级的，怎么后半句又变成资产阶级的了。那他到底是哪头的？

那时候的张伯驹基本上是个"三无产品"，无户口，无工作，无粮票。不过毛主席还是托周总理给张伯驹找了份工作，主席说伯驹是个人才，这样的人是应该给条出路的。

这样张伯驹才被调到中央文史研究馆，1982 年病逝，终年 84 岁半，八十多岁可以了，也算活够本儿了。

• **《虢国夫人游春图》**

唐 张萱 绢本设色 纵 52 厘米 横 148 厘米 辽宁省博物馆藏

第二章

双赢！史上最成功的『做局』

——《八十七神仙卷》

悲鸿兄（1895—1953），现代画家、美术教育家。江苏宜兴人。

现在有人若问宜兴人，你们宜兴特产什么，他将自豪地回答：我们产紫砂泥和徐悲鸿！

这俩满不挨着，但是知道宜兴的紫砂，未必知道徐悲鸿也是宜兴人，所以有必要把他和紫砂放在一起说。

徐悲鸿是中国现代画坛中比较全面的画家了，他中西合璧，能画国画也能画油画。尽管就现在的眼光来看徐悲鸿的画，说不上真正的“大师级”，跟欧洲的绘画大师更是有着不是一星半点的差距。我是学美术出身的，当然也就研习过中西方艺术文化史，有一次我问我的老师关于徐悲鸿的绘画艺术问题，他就跟我说徐悲鸿现在就相当于美院学生水平，我那时候挺诧异，人家大师，怎么都混美院学生中间去了？

后来细品其中的意思，认真地体会了一下，感觉恐怕就是这样的，悲鸿兄的国画暂且不提，就他的油画水平确实显得有点“缺练”。

但是，他毕竟将西洋画风引入中国，也算是功不可没了。

看他的一幅《诸老图》，感觉就像郎世宁的画风，国画的构图，有些国画的笔法，但是在人物塑造上，又是西方的那种写实技法，它很难界定在国画与西洋绘画的某一类里了。只能说这是一个中国人在欧洲学艺多年所导致的“土洋结合”的产物。

在悲鸿的作品里，其实有很多还是不朽的，比如《愚公移山》、《屈原九歌》等，均有一定的现实意义，反映了跟时代、社会有关联的内容。

原来跟一位书法家兼收藏家前辈聊过，他讲那些比较低级画家画文人画，弄两根萝卜白菜就开始画，画一辈子，全是萝卜白菜，敢情这画家在粮店干过是怎么着，对吃食这么情有独钟？比较高级的画家则画社会，反映时代，比如悲鸿兄。在电影的领域，同样是拍喜剧电影，卓别林的喜剧反映的就是时代的悲剧，所以他的艺术就高，这是一个道理。

另外，在人格魅力上，徐悲鸿艺术家的那种“真”也体现出来了，特别亲和，注重那些感性的东西。再有一个就是爱国，记得他在法国求学的时候，他时时刻刻想着自己代表着中国，当一个法国同学嘲笑中国人学不了油画，就算是达芬奇手把手地教也成不了材的时候，给徐兄气得什么似的，亏了他还是很有涵养的，要不然估计蜂窝煤早抡过去了……后来他跟所有的外国同学比，他的绘画成就最为突出，这回人都服他了。

其实，通过他收藏古画的一个故事，我们多少也可以感受到他的一种高尚的爱国情怀吧。

下面，就是他这段离奇的经历：

1937年，暮春。

“怎么样，悲鸿兄，这香港的气候，温度还都适应吧?”许地山道。

“还好还好，就是热了点儿。”悲鸿道。

“没关系，这不是刚五月吗，你到六月再瞧。”

“哦，就凉快啦?”

“更热了。”

……

许地山，著名作家，香港大学中文系教授，徐悲鸿的友人。

此次徐悲鸿在香港举办画展，许地山尽地主之谊，热情款待，并特地腾出一间空房，让悲鸿寄住在他家。

“悲鸿啊，都是朋友，别那么见外，住什么宾馆啊，这不是香港有熟人吗，住我家啊，别磨不开，咱家比外边方便，要什么有什么啊。”

“这不是怕扰乱了你和夫人的正常生活吗。”悲鸿谢道。

“没那个，我们俩平时寂寞着呢，正愁家里不热闹呢，今天你来了可太好了，拿我跟我媳妇都别当外人啊，就像在自己家里一样，怎么随便怎么来。”

见许地山如此亲切，悲鸿亦就恭敬不如从命了。

这一天，许地山同悲鸿聊天，谈到了关于古字画的收藏，悲鸿立刻显示出了极大的兴趣。

许地山说："我媳妇认识一外国朋友，是个女的，德国人，人称马丁夫人，据她自己说原先是跟着父亲旅居中国的，父亲平生酷爱汉学，收藏了不少古字画。可是后来她爸爸死了，东西传到她这一辈儿的时候，她不能像她爸爸当年那么喜欢这些东西，因为她是学西方宗教与哲学的，她那专业跟那几大箱子玩意满不挨着，所以索性，货卖识家，求个善价出让了就得了。我就想，既然这马丁夫人自己都承认与这些古画无缘，索性就让它们归宿到它们该去的地方，这样对这些画也是公平的。于是，借着你在香港，我想把那位马丁夫人约出来，你们谈谈，因为你是行家，这等好事当然是非兄弟你莫属了。"

悲鸿当即高兴地说："哥们儿忒仗义了！"

找了一天晚上，许地山约马丁夫人到香港与徐悲鸿见面，也有的说是马丁全家就在香港旅行，他们就在酒店里见的面，不管怎样，马丁、许地山、许地山的夫人，至少这三个人见面了。

许地山也是头一回见着外国女的，怕人家不懂中国话呀，要不然让妻子给当个翻译？放慢了语速，一字一顿跟人连说带比划："我们，是，来买您的画的，买画，能理解吗？买。"

只见马丁夫人一招手："来了您呐！几位辛苦啊——快里边请啊，大晚么晌儿的还让您老几位亲自跑一趟，快，快麻利儿给人徐先生兑碗热的！"

许先生一瞧得了，这外国娘们儿估计打北京南城来的，中国话比我都溜，翻译个屁呀，直接看东西吧。

马丁夫人抬出那四个大箱子，徐悲鸿的感觉是马丁夫人她爸当年在中国是干什么的，弄了这么一大堆，不过也别高兴太早，也许这四个大箱子里每一件好东西，都是那些"杂八凑"，外国人搞收藏很有可能是这结果。

箱子一一打开，徐悲鸿看着里面的字画，果然，说次不次，说好也没有让人眼前一亮的东西。

看着看着，徐悲鸿的心气儿就一点点往下降了。

但是当他看到一幅长卷的时候，激动得差点蹦起来，脸上的表情马上就不一样了，面露欣喜之色。

这幅画是一张古画，而且年代非常久远，画的是一排神仙，就跟《西游记》里头王母娘娘要开蟠桃会似的，两个字，热闹！不光是热闹，这幅画不仅技法高超，而且运用的是白描，跟徐悲鸿个人推崇的画风非常吻合。徐悲鸿当时就说我后面的画不看了，就买它，今天不卖给我都不行！

徐悲鸿也是突然发现一张“一见钟情”的画太喜不自禁了，按说古玩的买卖这样不应该，跟外国人做生意也是如此，太过于喜形于色了，这样容易让人牵了鼻子。

结果马丁一看这家伙看见这画比他亲爹都亲啊，这就说明他太想买了，告诫自己：别卖低喽。

“徐先生，您再看看后面的画儿吧?”

“不看了，就是它，就是它，出多少钱能卖?”

马丁一瞧，嚯，这么急呀，“那您开个价儿吧。”

“您瞧我这回出来也是仓促，没预备那么些现钱，给一万块钱您看行吗?”

马丁夫人心说一万块钱按说是不少了，但是难得他这么喜欢，就算再加加估计他也能应许。

马丁夫人说能不能再添点儿，徐悲鸿实在没富裕，又不想让这幅画落空，于是就额外搭了七幅自己的作品，当时徐悲鸿的作品也很值钱的，所以马丁左右一权衡，就成交了。本来这幅画在她手里也没什么价值可言，一万块钱加七张徐悲鸿的真迹够占便宜的了。

成交，双方是各有所喜，马丁夫人这边得实惠了，自不用说，徐悲鸿喜欢这幅画，花多少钱他都高兴，自个儿花钱买乐意你管得着吗。

许地山是中间人，如果按照古玩行的规矩的话，他应该得到5%的佣金，不知道他要了没有。

那么说这是一幅什么画儿啊，徐悲鸿跟疯了似的要，它好在哪儿呢?

•《八十七神仙卷》

这幅画我简单说说，这幅画叫《八十七神仙卷》，吴道子绘。画面人物众多，闹闹哄哄的，画的啥呀？这是幅宗教人物群像。徐悲鸿说这幅画可以与任何一幅西方的大师名作相颉颃，可见徐悲鸿对于这幅画的一个高度评价。

那么，既然都是宗教群像，拿出一幅西方的比一比，文艺复兴时期米开朗基罗的《末日审判》壁画。这幅画也是后来经过了修复，本来想尽量保持大师的原作的，但是后来不修不行了，实在看不得了，太模糊了，没办法，顶尖高手云集一堂，大伙把这幅画给重新修复了一遍，效果还不错。

也就是说，徐悲鸿认为，吴道子的《八十七神仙卷》和米开朗基罗的《末日审判》相比，不掉价儿，依此类推，跟达芬奇的《最后的晚餐》相比，不掉价儿，跟顶级的任何一幅名作相比，都不掉价！

这幅画描述的场景是东华帝君和南极帝君率众仙家朝会原始天尊的阵容。

原始天尊，道教三清之首，由于地位最尊贵，所以大伙都要上门找他去。东华和南极是道教诸神中的两位上仙，定期去朝拜三清也是规矩，所以许是今年到时候了，一大帮神仙浩浩荡荡，诸神将、仙女等排成纵队，场面蔚为壮观。吴道子就掐取了这个恢弘的场景，画了一幅大气磅礴的群像画，这幅画的主要视觉冲击力就是它的气势，人物众多，衣饰繁复，凸显画家超强的技巧。

从画面结构上，复杂程度上，单线白描的技巧上，这幅画与后来的

《清明上河图》近似，所以国画艺术史中有这样一个说法，就是将《八十七神仙卷》的艺术魅力与张择端的《清明上河图》摆到同一个位置上去。

这是简单介绍一下绘画本身，而最终让它成为传奇的，则是它背后的故事，这故事始终是围绕着徐悲鸿展开的。1939 年，徐悲鸿在新加坡办画展，那时，他觉得出门在外，这幅宝画放在哪儿都不保险，于是便托了香港银行，觉得保险柜里应该安全一点。

但是，当他到达了新加坡以后，又改主意了，他觉得银行里头也未准踏实，这年头净抢银行的了，还是把画搁在身边，看得见摸得着心里舒坦。

悲鸿便托可信之人把画带了回来。

当时正值“二战”爆发与扩大之际，后来日本偷袭珍珠港，太平洋战争爆发，新加坡也随之遭受牵连。

这里从此便不再安全了。

徐悲鸿在这里还有很多展品和画作呢，东西太多在慌乱的时候无法一次性运回祖国。

于是他就在当地把这些东西托管给了一个朋友，自己先回国避避难去，临走时千叮咛万嘱咐，头可断，国画不能烂；血可流，国画万万不能丢！

• **《朝元仙仗图》**

北宋 武宗元 绢本 墨笔 纵 44.3 厘米，横 580 厘米 私人收藏

悲鸿原想等形势稍微缓缓，瞅准一个时候赶紧从新加坡把画取回来。

可是他没想到他这辈子也取不回来了。日军一颗空投炸弹，咣当一下，整砸在藏画那地方，不偏不倚，按说是怎么那么巧，怎么那么寸！

这地方极其秘密，当时只有一个学校的教导主任知道画放在哪，他日本人怎么那么牛，一下就找着了。

噩耗传来，徐悲鸿差点没晕过去，幸亏是《八十七神仙卷》被他随身携带回来了，要不然估计徐悲鸿艺术人生至此就画上一个圆满句号了。

这幅画虽然在这次灾难中被万幸保留了下来，但是后来，还是没能逃脱一场“杯具”。

1942 年，正是“二战”打得如火如荼的时候，中国抗日战争也是进行到了无比艰难的时刻。

徐悲鸿在昆明举办画展。按说云南那地方已经算是中国内地的“最里间屋”了，太深了，日本人怎么也打不到这儿来呀。是，日本人不来，日本飞机来。

当时的昆明上空几乎每天都有敌机划过，并扔下几枚炸弹。

所以那地方的人也挖防空洞，警报一响，大伙全从家里出来，赶紧钻防空洞里避难去，警报一解除，大伙还都回家该炒土豆丝炒土豆丝，该洗衣裳洗衣裳。

这一天，紧急避难警报，三响！大家又该往防空洞里跑了，徐悲鸿那时候在宾馆里呢，一听见警报，他也得去呀，他是大画家，人民艺术家，更得去了，他命值钱啊。

徐悲鸿一如既往，穿好了外衣，锁好了门，上楼下防空洞躲着去了。

警报解除之后，照例回到房间，这一下，他脑子“嗡”一下，他看见门是被撬开的，里面进来小偷了，他马上冲进房间，找到他放画的地方一看，脑子又“嗡”一下，画没了，全没了。再往《八十七神仙卷》的方向一看，脑子又“嗡”一下，那幅画也不见了。

徐悲鸿精神经不起这重打击，“扑通”一下，昏厥在地。

后来徐悲鸿一直住在重庆，这么些日子，他脑子里一直是“嗡—嗡—嗡—嗡”不停，那幅《八十七神仙卷》的失盗对悲鸿的打击如同痛失亲人。更何况如他印章上所写的，那是“悲鸿生命”啊，就跟自己死了一样。

徐悲鸿茶不思饭不想，夜里也睡不好觉，不敢闭眼，一闭眼就是那幅画，他都快得抑郁症了，就这一幅画闹的。

想像方壶碧海沉，
帝心凄切痛何深。
相如能任连城璧，
愧此须眉负此身。

这首情真意切的七言绝句是徐悲鸿精神稍微缓和一点的时候写下的，他用诗句的形式记下了自己的“生命”被人盗走之后的感受。

事情就是这样，人生亦是如此，有时候，尽管是少数时候，我们会接受到那些突如其来的噩耗，那些对我们自己来讲是最不幸的消息。我们会震惊，会撕心裂肺，会痛彻心扉。

但是，发生了之后呢，你承受得住也好，承受不住也好，生活还在继续，第二天还会有新一轮的太阳初升。

你接受不接受它全无意义。

如果某件事情令你难以接受，好吧，你接受不了现实又怎么样，你难道去死吗？你不死，那便是要继续你的生活，这样，即便心中长久以来仍会隐隐作痛，但是毕竟，你还是默然地选择了接受这个事实。

徐悲鸿继续他的工作，他的事业，那么他是坚强的，上帝会给坚强的人赐福的，因为他在悲恸之后并不选择放弃。只是，有时候上帝的做法也会很“戏谑”。

那么，这个福是什么？我又为什么会说这很“戏谑”呢？

1944 年，初夏的一天。

徐悲鸿接到学生的电话，说她在成都一位朋友的家里，发现了那幅《八十七神仙卷》正是老师徐悲鸿让学生临摹的那幅画的原本。

现在，那幅画在成都，徐悲鸿本人在重庆，但是徐悲鸿为了自己的“第二生命”，什么都全然不顾了，一心为了把这幅画重新购买回来！

徐悲鸿有一个朋友，自称是个姓刘的将军，他们是在画展上认识的，听说悲鸿要去把宝画买回来，刘将军找他谈话，说最好他不要去。

“为什么？”悲鸿问道。

“你想啊，你如今这么大张旗鼓地说要去买画，消息肯定比你先到四川啊，你是名人，名人的举动是被广泛关注的，所以大家都知道有一个千年古画在成都，那等你到了，那幅画不定被谁先一步买走了呢，所以这种事情一定要低调，低调……”那位将军说道。

徐悲鸿觉得这话确实有理，可是自己不能去，又想得到这幅画，为之奈何？

刘将军一拍胸脯：“我呀！这时候显出咱哥俩交情来了吧，我帮你去把那幅画买回来不就得了？”

悲鸿有些不放心，但是刘将军大包大揽：“四川那片儿我熟啊，到那一打听刘某某，就是我，你甭管了，到时候绝对把画给你带回来，只是……”

“只是什么？”

“只是这路费……”

“嗨，不要紧的兄弟，只要画在，我不在乎费用，俗语讲得好啊，钱是王八蛋啊，给！两万块钱够不够！”

“嚯，徐兄，您，这是，怎么这么些！”

“多了？那多了就少给……”

“不不不不！不多！正合适，正合适！”刘将军赶紧把话拦住了。

简段截说吧，几经辗转，刘某人还真把画给带回来了，呈现到徐悲鸿面前，他一看，果然，果然，画儿是没错，可我当年盖的那“悲鸿生命”的章跑哪去了？那个小方块怎么让人给抠了？

刘将军还解释呢：“嗨，那多新鲜啊，您想啊，您这画儿丢过一次啊，说明生命没有了，生命没有了那‘悲鸿生命’不就没有了嘛。”

“这话你自己信吗?”

“不信。”

“嗯，还挺实诚。不过还是要感谢你啊，否则我今天别说印章看不见了，这幅画我都看不见啊，没关系，回头我重新装裱，我再盖上那枚‘悲鸿生命’印章就行了。刘将军啊，你说我怎么谢你呢?”

“哎哟嗬，您可别这么说，我其实也没做什么，无非是一路上劳顿，后来不过是跋山涉水到了四川盆地，也只是区区跟人家费尽了口舌，很轻松地把这幅画千辛万苦地带了回来……没什么，实在没什么!”

悲鸿很是感动：“兄弟，你说的是人话吗!”

悲鸿毕竟是重情重义之人，事后赠予了他重金作为酬谢，另又赠了很多画给他。

无奈的是，悲鸿拿他当朋友，可是这位刘某人并没有往朋友道儿上走。

表面上看来，古画失而复得，可喜可贺，悲鸿是喜笑颜开。但是殊不知这背后有人兜了一个大圈子，却把我们这位人民艺术家玩弄于股掌之中。

这个人是谁呢?

他便是这位帮悲鸿重购《八十七神仙卷》的刘将军，刘汉钧。

在中国旧社会中，有四大生意，“蜂”、“麻”、“燕”、“雀”。这是指江湖上的四种骗术。在早年间，这是四种不一样的行骗模式。

“蜂”有如蜜蜂一般，群蜂蜇人，有组织有纪律地搞一个大的骗局，得手以后立刻散去，无影无踪，来去如风，故又称为“风”。“麻”是指孤身行骗，单枪匹马。“燕”如同“容颜”的“颜”，多为女人的骗局，因女人容貌艳丽，可以降低人们的警惕性。“雀”是指古时候包装打造一个新到任的地方官员，与该官员一起搜刮当地的钱财，类似于“扶植傀儡”。(同时，相比于这四种大的骗术，还有另外四个小的把戏，称为“金皮彩挂”。分别是指相面，说唱，戏法和练武。)

今天这位刘汉钧刘大爷，就能算是这“蜂”、“麻”、“燕”、“雀”中的

“麻家门儿”里的，或者叫“马家门儿”的。

他为自己制造出一套完整的身份和背景，跟谁说都是这一套，为的是互相保持信息的一致，然后在画展上遇见了徐悲鸿，他是有目的的，他知道徐悲鸿这个人家中藏有一幅唐代吴道子的名画，价值连城，于是先与徐悲鸿结交，之后拿话套出他的信息，知道他住在什么什么地方，哪间屋用于放画，等他都摸透了，便开始采取第二步骤。

找一天他尾随着徐悲鸿回到寓所，潜在暗处等待防空洞的警报响起，徐悲鸿出了门，刘汉钧就赶紧撬开门进去，开始“搜山检海”式的全方位扫描，发现目标之后，用最快的速度携名画潜逃。

他拿了徐悲鸿的很多真迹，这些都能卖大价钱，但是唯有吴道子的这一幅画，按说价值一定在徐悲鸿的画之上，只可惜识货的太少，因为但凡不是专业搞这个的他没有这个眼力，只知道徐悲鸿是当代大师，留着他的画将来能升值，说吴道子是谁，不知道！就认识徐悲鸿。都是这路子。

所以眼看着最后这幅《八十七神仙卷》要砸手里，不行，得挽救一下，这时候就瞧出骗子狠来了，他本来就已经吃过徐悲鸿一回了，为了让这幅画也能卖出去，于是便把目标再次锁定在徐悲鸿身上了，天底下不就你一人儿识货吗？那我不坑你坑谁呀？换一个计谋，再给徐先生一闷棍。

刘大爷的行径，那就是想从一头牛身上扒两张皮下来。

徐悲鸿招谁惹谁了。

于是乎，刘将军再次出山，知道徐悲鸿为这幅画痛不欲生，为了这幅画什么都肯付出，好嘞，我就找人，做一个局，先让你徐悲鸿接一个电话，说学生在成都“偶遇”真迹，这幅画现在在成都，你来吧。把他的积极性调动起来之后，刘将军出面阻止，说你去不好，我去吧，但是你得给我点辛苦费，事后表明这一笔“辛苦费”可是不老少呢，据说徐悲鸿为了答谢他，给了他二十多万酬谢和十几幅自己的作品。

刘大爷太牛了，做局坑人里外里卖画再加上“买画”下来挣的钱不计其数。但是最后徐悲鸿如愿以偿地得到了《八十七神仙卷》却又为此事落得个生活窘迫，钱都被骗了呀。

可是这件事儿，你说有人吃亏吗？从钱上说，徐悲鸿吃亏大了，可是反过来，从精神上说，一个这辈子永远无法弥补的精神创伤现在痊愈了。

后来他又做了首诗：

得见神仙一面难，
况与伴侣尽情看。
人生总是葑菲味，
换得金丹凡骨安。

看来他对这大起大落的经历也是百感交集。千金散尽还复来，钱可以不在乎，但是我总感觉，明明现实对人施以了刁难，却让被刁难的人乐在其中，心甘情愿。

当徐悲鸿最后知道事情的真相的时候，他也是微微一笑，表示，并不记恨刘汉钧，反正最终是得到画了，还是感激他的，尽管手段令人很无语。

这里面的情感确实不是一般人所能理解的，也并不是言语所能诠释的出来的，只有每个人根据自己的经历去尽量体悟了。

现在，我们去徐悲鸿的纪念馆，能看到这幅《八十七神仙卷》。而当各位读者看到此卷的时候，一定别忘了这幅长卷永远在告诉人们一个道理，就是人生无常，会让我们无可奈何，但如果能够“心满意足，则永无憾矣”。(徐悲鸿于该画上的题跋)

第三章

侦查与反侦查的结晶

——《韩熙载夜宴图》

• **《韩熙载夜宴图》**

五代 顾闳中 绢本设色 宽 28.7 厘米，长 335.5 厘米 现藏于北京故宫博物院

传说中的《韩熙载夜宴图》。对中国艺术文化史稍有了解的人呢，除了知道《清明上河图》就是知道这个。

这幅画人物众多，五代时期的贵族家宴就是这个样子吗？这些人物姓甚名谁，韩熙载又是其中的哪位？而最为不可思议的，这幅千古流传的佳作，它的诞生只是为了满足南唐后主李煜的一个疑虑。那么，李煜的疑虑是什么，这终究又是怎么催化出“韩熙载夜宴图”这六个在中国美术史上如雷贯耳的字的？

您不清楚？好，不打紧，我说说，您听听，在想当初……

第一部分

韩熙载是谁?

韩熙载生活在中国历史上一个闹心的时代。

据我所知，每隔一个漫长的大一统时代之后跟着的，往往是一段分裂混乱的时代，皇帝换得比走马灯还勤。唐朝覆灭了，接踵而至的五代十国时期，就是这样的一段历史。

中国的北方陆续出现了梁（907－923）、唐（923－936）、晋（936－947）、汉（947－950）、周（950－960）五个小朝代，只可惜这些国号原来都被叫过了，再叫的话前面都要加上一个“后”字。

与此同时的南方，分裂成了吴越、荆南、南唐、南汉等乱七八糟十个政权。

从他们的时间表上能看得出来，这些国家的年代都是互相叉着的，所以看着乱的慌，不像一般的朝代更迭，一个接一个按顺序来。

所以，为了简要，就从分裂的那一年，907 年，到北宋建立的那一年，960 年，中间 54 年的时间，索性当做一个大朝代，统称“五代”。

顶多这个“大朝代”里有点不和谐罢了。

今天叫山东潍坊的地方，过去曾经被叫青州或者北海，出过很多历史名人。

三国时期让梨的孔融，人称“孔北海”，他担任过北海郡相，政绩斐然。还有西汉武帝一朝丞相公孙弘，乾隆朝的刘墉，等等，这都是北海的名人。

赶巧的是，韩熙载也是那里人，所以在山东潍坊名人录里面，也有他一个。

可是韩熙载主要的事迹都是在南唐，不在北方，他后来移居到长江以南的南唐去了。

之前他们家祖上根本就不怎么出名，历史记载的少，史书上关于韩熙载的爸爸韩光嗣，爷爷韩殷，太爷爷韩钧的记载倒不是没有，可是翻开一看，除了履历表就是履历表，看着跟流水账似的，没有什么实际内容。

也就是到韩熙载他爸爸韩光嗣这一辈儿的时候，万幸出了点事，终于能写两笔了，以前想写都找不着节骨眼儿。

韩光嗣出什么事了，坏事儿，要不是这件事，韩熙载也犯不上大老远从北方逃到南方。

韩熙载生活的北海地区在当时正好是后唐的管辖范围之内，后唐疆域包括山东半岛和周围一大片地区。

后唐国主李存勖（号称庄宗皇帝，其实充其量是国王级别的），早年领了父亲李克用的遗命，将来要完成大业。李克用给了李存勖三把箭，一把箭代表你将来要扫灭刘仁恭，拿下幽州一带；一把箭代表你将来要北伐契丹，守住北疆；这最后一把箭就是一定要剿灭朱温，把父辈生前未竟之事业继承到底。

三把箭交给了儿子，李克用也就踏踏实实地把最后一口气咽了。

父亲死了之后，咱们简段截说，儿子用了十年时间，三大夙愿基本上已经完成，敌人该扫灭的扫灭了，李存勖建立起后唐政权来，自己当皇帝了。

打下江山来，就应了那句话了，你能马上打天下，能马上治天下吗？

伟大领袖毛主席曾教导我们说：枪杆子里面出政权。但是他老人家可没说枪杆底下保政权。

李存勖觉得天下已定就没他什么事儿了，他就不思进取了，可有一样他不知道，如果花100%的努力达到一个成就，接下来不花100%以上的努力，成就很可能就保不住了。就像烧开水，你不持续给它加热，它顶多冒会儿泡就完了。

李存勖当皇帝以后喜欢声色犬马这些东西，尤其是优伶（演艺人员），现在叫演艺工作者了，原来都是戏子，社会地位低下，可是李存勖偏偏就喜欢，整天“招呼”一大帮伶人在宫里宫外，跟皇上打成一片，皇宫改戏园子了。

折腾吧，折腾折腾就把自己给折腾进去了。

926 年，李存勖部将李嗣源造反有理，被拥立为帝，号称“明宗”。

一般开国君主知道创业艰辛，很难把家直接败在自己这一辈儿上，但是李存勖就是例外之一，本来他这人有一定的能力，可就是后期堕落下去了，没能居安思危。

所以欧阳修如是评价他：“《书》曰：‘满招损，谦得益。’忧劳可以兴国，逸豫可以亡身，自然之理也。故方其盛也，举天下豪杰，莫能与之争；及其衰也，数十伶人困之，而身死国灭，为天下笑。”（《新五代史·伶官传序》）①

好在李存勖固然败了，可后唐依旧存在，只是今天这个姓李的不是当年那个姓李的而已了。

根据《资治通鉴》记载，明宗一朝，平卢节度使霍彦威追杀登州刺史王公俨，王氏部将一个不留，悉数斩杀，不幸的是，韩熙载之父韩光嗣就在这些要被株连的人名单当中。

父亲被杀，儿子赶紧转移，由此，韩熙载才逃亡南方。

当时韩熙载已经中了进士，那时的他还不到三十岁，如果唐代“三十老明经，五十少进士”的说法在后唐也适用的话，那二十多岁中进士的韩熙载是个什么程度就可想而知了。

中了进士接下来就是做官。

按说韩熙载应该比较顺利地步入仕途，可是这得在他爸爸不出事儿的前提下。

如今父亲卷入王公俨的案子被牵连进来，自己还怎么在朝廷里混？

---

① 《新五代史》是欧阳修为了区别薛居正的《旧五代史》而重新编修的一部同记载五代时期的史学著作。

既是文学家又是史学家的欧阳修当然不能只满足于做官方历史的附庸，他一定要加入自己独到的思想进去，所以他个人的历史著作就带有很强的“创作感觉”在里面。很典型的，在《伶官传序》中他便抒发了个人议论，他一上来就开宗明义，讲：“呜呼！盛衰之理，虽曰天命，岂非人事哉！原庄宗之所以得天下，与其所以失之者，可以知之矣。”在此之前，《史记》的“太史公曰”与之类似。所以，这都属于带有作者主观意志的非官方史籍，同类的著作还有孔子的《春秋》。它们的共同特点便在于：闪烁着知识分子的学术良知与历史责任感的光辉色彩。

可惜归可惜，但是还是“留得青山在”比较妥当。

所以韩熙载只能在痛失父亲同时抓紧时间离开后唐。

韩熙载在颍州有一个哥们儿叫李谷，他一听说韩熙载要通过在颍州的正阳镇渡淮河偷渡出境，自己赶忙出来接，两个人碰头之后，李谷把朋友安全地送到渡口。

俩人毕竟是哥们儿，眼看要离别了怎么也得好好喝会子，算是践行。古代交通不便，出国就也许这辈子见不着了，不像现在，一个在中国一个在美国，视频聊天都是可以的。

席间，可能俩人都喝高了，韩熙载开始吹嘘自己的宏图大志：“等哥哥我到了南方，他们一准拜我为相，到时候我举兵中原，一路是摧枯拉朽，势如破竹，那时候咱哥儿俩不就又见着了吗！”

李谷一听你吹上了，那我也别怂啊，于是也说道：“那你等我做了中原的宰相，我就挥师南下，夺取江南那是易如反掌啊，到时候我上你那看你去！”

借着酒劲儿吹呗，反正说大话又不上税。

可是历史表明，这两个人有一个的话最终倒是真应验了，另一个没应验，那究竟是谁的梦想照进现实了？是韩熙载还是李谷？

哎，我先不提这段儿。

留一个小扣子，您好接茬往下看。

话说韩熙载来到吴国广陵（今江苏扬州），安了身之后得想办法自立呀，开始写简历，投简历。

那会儿人写简历主要就是投给朝廷，不像现在有那么多平台，那么多公司和企业，大学毕业后印它几百份简历慢慢扔去吧……

过去上书给皇帝，多是毛遂自荐，东方朔原来就是因为献给汉武帝一封措词极具创意的推荐信才被召入宫的。

韩熙载仗着自己文采好，也学东方朔，写自荐书，而且写的得出彩，让人看了之后眼前一亮！

经过他的构思，这封自我介绍的《行止状》确实写得不一般。

一开头，介绍自己的基本信息：姓韩，名熙载。山东青州人，中岳嵩山高校本科，科考一举得中进士！贵国招贤纳士，本人诚来投奔。

接着就说人才有多么重要，同时自己又是一个什么什么样的人才，一通夸耀，说“我打小跟一般孩子就不一样，人家玩电脑我看书，人家睡觉我锻炼身体，搞得自己现在是文武双全的复合型人才。论文章，可以称得上是鹤立鸡群，争雄笔阵，能决胜词锋。论武功，两军阵前，我不出手就能让敌人投降……”

他还说自己是“横行四海，高步出群”，傲视天下，踌躇满志。

中途还提到了很多古人，韩信，彭越，卫青，霍去病，曹刿……他以这些人自况，最后还提到项羽离开了范增不行，周朝离开姜子牙不行，他就差说吴国现在离开我韩熙载不行了，估计最后一句话没好意思说出来。

都说诸葛亮当年心高气傲，自比管仲、乐毅，你看看韩熙载，凡是活在他前边的有能耐的他都给比了。

这封信还老长老长的，但是内容基本就是车轱辘话来回说，都是自吹自擂的语言，一会儿就能给人看烦了。

《行止状》呈到了当时吴国权力的实际掌控者徐知诰的办公桌前，他看了几段，愣给他看得脑仁儿直疼，心说这孙子知道“自恋”俩字儿怎么写吗？

这哪像个求职的呀，一点姿态都没有。

冲这也不能用他呀！

很多年过去了，有不少也是从北方流动到南方的人，都不同程度得到了擢升与重用，就是韩熙载还跟以前一样，吊儿郎当，我行我素，工作上进展得也不怎么顺利。

韩熙载不愧是具有古代文人之风，别看他自视甚高，但是在别人不承认的情况下，他也不死气白咧地求别人，大有“出淤泥而不染，濯清涟而不妖，中通外直，不蔓不枝，香远益清，亭亭净植，可远观而不可亵玩焉”的境界！

我有时琢磨，人的命运各有不同，很大程度上是因为他们的思想本身各有不同。

对同一件事，彼此可能各有各的理解，而理解不同指导着他们的行为不同，不同的行为产生了不同的后果，也就产生了不同的命运。

韩熙载同志本质上还是很好的，但是他的性格呀……文人有一股牛气冲天的傲气，不愿意低头，不愿意走弯路，小胡同里赶猪，直来直去的。

所以领导担心他在工作岗位上那种个性的东西一上来耽误事，就不敢委他以重任。

韩熙载自己分析是因为父亲的“前科”问题导致现在的不得志。

其实他想错了，你爸爸在后唐干什么了跟吴国半毛钱关系都没有，他不了解领导的心态，归根结底还是自己性格的问题！但是他本人就死活意识不到。

可他的命运总是要有转机的，我们等着这个转机到来。

刚才提到徐知诰。这个人很重要，他是吴国的太师、大丞相、天下都招讨兵马大元帅，政权兵权在握，后又晋升为齐王，自己可以立宗庙、社稷，为吴的主要掌权人，皇帝实际意义倒不大，这种人将来很有可能发展为篡位者，所以最后果然应验，他建立了“南唐”。

我们知道南唐国是三代君主，第一个是他，第二个是中主李璟，最后一个太有名了，后主李煜。

看到这您该问了，不对呀，后边俩都姓李，这头一个怎么姓徐呀，这是爷儿仨吗？

是爷儿仨，至于说为什么爷爷姓徐，后代姓李，这个我在这解释一下。

据徐知诰自己的一面之词，他说他是原唐宪宗第八子李恪的后代，唐灭亡了，自己也就家道中落了，五代时期自己给徐温做了养子，改姓徐了。

我们知道他后来建立后唐这件事儿了，所以这些话也很可能是他为了让自己的法统合乎道理，后“着吧”的身份。

就跟刘备为了同样的目的说自己是中山靖王刘胜的后代一样，反正中山靖王生一百多个儿子呢，别人也没法落实，你有本事一个一个查，能查到你八十岁生日去。

具体说到后唐的建立，在当时的民间，出现了两首民谣和两件奇闻的传说。

先说民谣。

其中一首的名字叫“东海鲤鱼飞上天”，这是流传在江南水乡的民谣，大伙就开始研究这个鲤鱼的“鲤”字，不写出来，光从字音上读，“鲤”等于“李”，也就是姓李的，姓李的飞上天了。

当时人联想能力就这么丰富，这本来是八竿子打不着的两回事，就因为其中可以套用一个“李”字。

第二首民谣听着像一首诗，曰：

江北杨花作雪飞，
江南李树玉团枝。
李花结子可怜在，
不似杨花无了期。

杨花凋谢了，像雪一样飞走了。相反，李树却枝繁叶茂。

那意思：终有一天，“李”将超过了“杨”，也就是当时吴国的统治者杨溥。

按理说来这首歌应该引起版权纠纷的，隋炀帝时期就有了，只不过当时不这么唱。

原版是：河南杨花谢，河北李花荣。杨柳飞落何处去，李花结果自然成。

这里的“杨”是指隋朝统治者杨姓不错，“李”就是后来取而代之的李唐王朝。

唐朝灭亡后，现在又有机会上演一出“李”取代“杨”的故事，那民间就又开始广为传颂。

这一点跟现在很像，每每在正儿八经出事儿以前八卦新闻先铺天盖地在老百姓嘴里串，闹得是沸沸扬扬，把人心都吸引到这上边来了。

而新闻热点的传播，其实就是制造热点的那拨人散出去的。

这一点跟现在也是大同小异，放出风去，说“李花结子可怜在，不似杨花无了期”的人，肯定是号称李唐宗室的那个徐知诰。

他这是给自己找台阶，便叫手底下人充分调动民间舆论，非把这四句诗散匀实了才成呢。

另有两件奇闻。

说有这么一天，江北扬州城里，有这么一个道士走街串巷，手里拿一根鱼竿，鱼竿钓着一条木头的大鲤鱼，嘴里还不停地絮叨。

打老百姓在城里头一天见着他，以后就天天能见着他，老拿着一条鲤鱼，嘴里也不停。可也没人上前问他：“你干吗的!”

就这么着一年多……

您瞧那会儿的社会了吧，疯道士能在城里转悠一年多没人管。要搁头些年的北京城您试试，甭说一年了，一礼拜都用不了，一准儿被带红箍老太太们给“镇压”了。

过了这一年，再想看这道士，人没了，再不出现了。

有人就琢磨他拿条鲤鱼干吗呢？拿着鱼竿，吊来的？可也不能吊木头的呀？

那个说了：别逗了，他这一年就这一条鱼，可不得用木头的吗，真鱼能坚持的了一年吗!

又有人说了：鲤鱼是不是跟李唐后羿徐知诰有关系？

大伙议论纷纷。

正当这个事儿要过去还没过去呢，城里又出了一档子事。

这回是在徐知诰所处的金陵城里，晚上大伙都睡觉了，忽听得阵阵钟声急促，大伙都醒了，原以为寺庙里出什么事儿了，估计这钟敲一会就停了，可不承想这回是西瓜皮擦屁股——没结没完了。

大伙绷不住劲了，穿上衣服上街，看看这是哪个和尚抽风呢，大半夜的敲钟玩。

徐知诰也给吵醒了，不知道怎么回事，就赶紧叫手底下人打听，把那个半夜不睡觉的人抓来，看看到底是谁。

不久的工夫，官兵带着一和尚见到了徐知诰。

徐知诰喝道："半夜撞钟没完没了的可是你呀!?"

和尚道："正是贫僧。"

"你有病啊，睡不着觉至于这么折腾人吗?!"

"非也，贫僧时方才偶得四句好诗，喜不自禁，遂鸣钟释怀。"

徐知诰这个气呀，心说你是吃饱了撑的，太没"起子"了，整几句破诗瞧把你"得瑟"的。

遂道："你念来我听听，我若听着好，今儿这事还则罢了，如果我听着不好，杀你个半夜不睡觉罪!"

那和尚开口吟诵了四句诗："徐徐东海出，渐渐入天衢。此夕一轮满，清光何处无。"

听完了这四句，再看徐知诰这张脸，顿时面露欣喜之色。

徐知诰心想：徐徐东海出，他怎么知道我是徐州人，当过东海郡王啊，这不就是说我呢吗。

再往下一句，渐渐入天衢，这是取自刘勰《文心雕龙·时序》的"驭飞龙于天衢，驾骐骥于万里"之意呀，说我能一步登天?

后两句更好了，这太阳当空照，遍地都是我的光辉呀！哎哟，这是高人呐，不仅知道我的心思，而且还是赞美我的，想不到我的"天命"都传到寺院去啦？好!

于是，"先主（徐知诰）闻之，私喜而释之。"（宋·龙衮《江南野史》）

就这么着把人放了。

上述事件说明在当时的环境下，这些带有超自然神秘色彩的东西最能引导百姓的心。

他们当时比较迷信，容易被忽悠住，所以这种事情都冲向徐知诰，人们就会觉得徐知诰真是天意所归，大伙就能支持他，百姓这可是看在老天爷的面子上，倒不是他姓徐的。

徐知诰权力逐步扩大，他实际统治的面积几乎快达到吴国的全部领土了。

这时候他做了一个举动，第一次改名字，把名字里的"知"字去掉了。

为什么呢，这是为了区分他跟养父徐温其他儿子的不同。

因为徐温的儿子们名字中间都有个“知”字，比如徐知训、徐知询等，徐知诰觉得自己不能跟他们一样再排“知”字儿了，遂更名为徐诰。

天祚三年（937年），吴皇杨溥让位于徐诰，徐诰建国号“大齐”，都金陵。

两年以后，徐诰以唐室李恪为宗，第二次更名，恢复本姓李氏，单名一个“昪”（音同“变”）字。改国号为“南唐”。

这就是南唐国的建立和徐知诰最终摇身一变成为南唐烈祖李昪的简要过程。

讲到这儿，我不说您估计都忘了吧，这里头还有韩熙载呢，他这时候干什么呢？

这几年韩熙载一直在外地干点小差事，不在京城，正好他借这个机会实现自己到处旅游的目的。

李昪这边的政权一稳固，他就想起来当年还有这么一个人给自己写过一封自荐信呢，记得当年那封信有点儿意思，现在那个人在哪儿呢？

就问手下人，报告说那人叫韩熙载，现在在地方上任常州从事呢。

李昪说把他叫过来，我瞅瞅这哥们到底长什么样，当年那么自信。

就这样，韩熙载被召入金陵。

李昪对韩熙载说：“以卿早奋名场。而未更事，故使历州县之劳，今用卿矣，宜善自修饬。辅吾儿也。”（《南唐书·韩熙载传》）

就是说尽管他很早就中了进士，但是毕竟工作经验没有，所以这些年让他在地方上长长见识，现在历练得差不多了，可以正经用他了。

其中“辅吾儿也”，就是让韩熙载辅佐东宫太子李璟，担任秘书郎，掌太子东宫文翰，官阶在从六品上。

从地方调入京城，而且就在太子身边，这是多大的幸运呢，按理说韩熙载这时候应该感恩戴德，千恩万谢吧。

那是别人，韩熙载从来就没有过，说上表谢恩？没听说过。

可能李昪表面上不挑这个理儿，但是心里头肯定有点别扭。

花开两朵，各表一枝。咱们说韩熙载与太子李璟。

韩熙载在东宫和太子相处得还算可以，没事俩人在一块胡侃，侃着侃着，彼此就增进了了解。

本来韩熙载学问不错，可巧的是李璟也颇具文采，两人有一些共通之处。

李昪死，李璟立，是为中主。

李璟登基后，从种种迹象表明，李韩二人在东宫时期的相处是有成效的。李璟命韩熙载为虞部员外郎、史馆修撰，赐绯。

员外郎赐绯，这件事就说明问题。

韩熙载官阶为六品，不能穿绯红色的朝服，当时的规定，品级超过五品，可以穿红。但是韩熙载在六品的程度上就可以破例穿红色朝服，可见李璟对他的抬爱。

韩熙载感觉自己的官运开始走正字儿了，心气儿就比以前高了。

原来他老是心不在焉，有一搭无一搭，估计源于自己不受重视，现在看皇上对自己很器重，就想正正经经地好好干，也对得起身上穿的大红袍。

从此韩熙载的工作态度开始渐渐端正起来。

韩熙载开始向权力中枢挺进，他就要接触到一些比以前更棘手的问题，接触的事、接触的人都比以往更复杂，事情就更不好做。

说实话，韩熙载这样的人，你说他是个“冒儿爷”吧，有点对不住他，说他精明？官场与政治这里面学问深了去了，他没个十年以上的功夫都玩不转这当中的“猫儿腻”！

当时的南唐朝廷以中主李璟为核心，下面有一个奸党团体，以冯延巳为首，另有冯延鲁、魏岑、陈觉、查文徽四个人，并称“南唐五鬼”。

冯延巳被李璟重用就如同韩熙载“员外郎赐绯”一样，是李璟偏爱其才华。

冯延巳有才无德，这种人最危险，也最可惜。

危险在于你才高德薄，什么坏事都能干得出来，而且干得还不容易让人查出来。

可惜在于既然有才华，能用在正途上不是更好吗。

难道李璟不知道冯延巳品格有问题？那么重用他？

几年之中，冯延巳从秘书郎超擢为宰相，升迁之快令人叹讶。

这是什么道理？

应了一句俗话儿，鱼找鱼，虾找虾，乌龟王八是一家！

要怪就怪李璟这个人太有文采了，所以他看中的，都是那帮跟他一样有文学才能的人，别的方面就放在其次了。

统治者也好，领导者也好，他们也不是糊涂，可是往往在用人的时候，有意无意地就选择了很多我“想要”的人，而没有选择那些我“需要”的人。

冯延巳就可能是李璟“想要”的，因为冯延巳的诗词很得李璟的赏识。

俩人平素里都爱做个诗，填个词什么的。冯延巳为了哄皇上一乐呵，经常拍拍皇上马屁，哪怕李璟说了两句狗屁不通的顺口溜儿，冯延巳也要大加赞扬，给赏析出个一二三四五来。

有一回就是啊，李璟看冯延巳的一首《谒金门》头两句说：“风乍起，吹皱一池春水。”就乐了，对冯延巳说，这风吹不吹春水跟你有什么关系？

李璟这毛病挑得实在是没道理，写词嘛，人要的是那意境，你管有没有关系呢。

您猜冯延巳怎么说的，他说：“哎哟，您说的可不是吗！我这句可比不了您那首《摊破浣溪沙》中的‘小楼吹彻玉笙寒’呐，您这句可堪称点睛之笔了，李杜再世恐不及也，为臣的佩服，佩服。”

几句话把李璟给忽悠得跟驾云似的，心里那叫一个美呀。您说，这皇上能不待见他吗。

冯延巳当着皇上一套背着皇上一套，韩熙载眼里不揉沙子，看不过眼儿去就老弹劾他，李璟这人有时候没主心骨，有时候又蔫儿有主意，很矛盾的这么一个人。

他觉得韩熙载是个人才，不能不重视他的意见，但是冯延巳的诗词写得好，纵然知道这个人可能品格上有些许问题，不足以为百官之首，但总也下不了这个决心整治他，也就还那么一如既往，事儿就这么搁着。

李璟别看是个文人皇帝，但是在用兵打仗这个问题上，他好像比他爸积极，他爸爸临死前告诉过他，发展为大计，可千万别无故发兵，那样得罪人。

李璟当时听了，可是时间一长他憋不住了，当时南唐的国力在南方诸国中算是强的，他觉得国力很强盛，如果不显示一下，那怎么叫强盛呢，无论如何也得找几个弱的侵略一下。

一来呢，疆域能扩大一些；二来呢，军队得到了锻炼；三来呢，树立了南唐的威望。

公元944年，南唐发兵攻打闽国。

闽国当时有内乱，南唐是乘虚而入，再加上一点"逮着怂人压不住火"的劲头儿，南唐大获全胜。

李璟信心大增，得着好儿了，以后有机会看来还得经常侵略一下。

李璟找到冯延巳，问问可不可以继续发兵攻打周边的国家，冯延巳哪有正经主意呀，他一向是怎么顺溜怎么说，皇上说什么他都说是。弄得李璟是什么仗都敢打。韩熙载可是有什么说什么，他跟皇上提过这事儿，说上回您侥幸打赢了，这打仗可不是闹着玩的，您别上瘾呀，甭听冯延巳的，他这人不靠谱儿。

李璟老觉得韩熙载背后"踩咕"（诋毁）冯延巳是出于醋意大发，索性就把韩熙载往边儿上一扔，我不理你了！

韩熙载给气得没法儿没法儿的。

攻打闽国之后李璟又攻打楚国，哎，结果又成功了，李璟心里更坚定了，看来只要是战争，咱都不用怕。

糊涂啊，您不看看您打的都是什么国家，那小破国你打赢了也胜之不武啊，更何况每经历一次战争国力都有一定程度的损耗，还有什么可美的?

在荡平了闽、楚两国之后，南唐的国力开始衰弱。

这个时候，真正意义上的强敌来了，周世宗柴荣大举南下，真到了南唐发挥军事实力的时候，南唐倒没这个实力了，之前都让李璟给霍霍得差不多了。

后周的实力应该算是当时最强大的了，他如今要取南唐，就算在南唐全盛时期，估计也照样能拿下，更何况现在了。

南唐实在是没辙，打是指定打不过，和的话，南唐的条件后周都不答应。最后割地赔款以求自保不说，您李璟打今儿起也别叫皇帝了，丢人，您趁早儿改个名儿吧。

李璟委曲求全，窝窝囊囊地去了帝号，自称南唐国主。

话说在后周伐南唐的过程中，后周有这么一位将领，他任淮南道行营前军都部署、兼知庐、寿等州府事，后迫使南唐割让江北一代领土，外带淮南十四州及鄂州江北两县。

这位将领不是旁人，前文书讲过，便是当年在正阳镇送韩熙载渡淮河的李谷。

他那年不是夸下海口，说有朝一日取江南如探囊取物吗。这么多年了，貌似他的诺言实现了，虽然不可能是整个江南，但是打下了小半个南唐也确实够瞧的了！

那么提到了韩熙载的这位朋友得了志，那么当年一块吹牛的韩熙载如今怎么样了呢？

他还在南唐小朝廷里紧一下慢一下地当他的文官呢……

就好比说，一个是全球500强企业里的销售总管了，一个还在有限责任公司里当部门经理，就这路子。

起点差不太多，但是后来发展的平台不同，相同的时间后，在高平台的人发展得就快，反过来，您的平台低，顶了天儿了，您就算一“鸡头”，到底是“鸡头”好，还是“凤尾”好，就得具体问题具体分析了。

公元961年，李璟驾崩，本来指定好的太子弘冀也死了，死了不能没人啊，从兄弟里面找了一个叫李从嘉的顶上，继位成为南唐第三代国主，也就是南唐最后一代君主了。

登基以后，李从嘉更名为李煜，取光芒普照之意，意思是在李煜的统治下，南唐一定能够重见光明，欣欣向荣。

愿望是好的，但是理想跟现实有差距。

李煜是个什么样的人，大家都熟悉，就像我们熟悉宋徽宗一样。艺术造诣极高，这一点肯定是遗传他父亲的，治国才能极低，这一点是发展了他父亲的。

综合以上两点，韩熙载得出结论，李璟已经够让他失望的了，今天他儿子登基坐殿，从他平素里的表现就能看得出来，如果把希望寄托在这个人身上，那将来他都没地方哭去。

韩熙载已经看出了南唐的颓势，而且是无可挽回的颓势，这时候别说你叫“煜”了，你就算叫“曌”[①] 都白瞎!

更何况就在李煜登基的前一年，后周殿前都点检赵匡胤发动了陈桥兵变，黄袍加身，正在虎视眈眈环顾四周。

赵匡胤可是一个“卧榻之侧岂容他人鼾睡”的主儿，他吃掉周边的各个国家，只是个时间问题。

现在韩熙载可以选择的两条大路，一条是继续实现自己年轻时候的那些梦想，坚持不懈。一条是就着南唐的衰颓而自我沉沦。

如果选择第一条路，那么他又有两条路可以走，一条是继续在南唐发展，跟着李煜混。一条是投奔赵匡胤。

赵匡胤这个人虽然是个枭雄，但是对于有才能的人，尤其是文人，他是极看重的，反过来，你要是个武将，他没准儿对你有戒心。

我们这么多年来一直试图体会韩熙载在中晚年的时候究竟是一个怎么样的心态。

一方面他不可能就这么承认岁月把他当年的豪情全给磨灭了；同时他确实也看透了南唐的环境对他的发展没什么益处，或者换句话说自打他来到南唐以来，仕途就一直疙疙瘩瘩的，好像胳膊腿都没伸开似的。

---

① “曌”，音同“照”。从字形看出，日月双悬于空中，则光明万丈，普照大地。该字由武则天首创，她为了形容自己的功绩超群，犹如日月般光辉，则用“曌”字作为自己的名字。

天授元年（690年），武则天登基“诏行作造新字，以曌为名”，故武则天又为“武曌”。诗曰：日月当空曌，则天长安笑；一朝作皇帝，世间我最傲。

其实有好几次，他的官都做得很大了，但是突然一下又被贬下来，后来再慢慢升上去，又被贬下来，走的是一条“声波”的仕途，十分的坎坷。

这些都是跟他的性格有关系吗？我想不完全是，也有其他方面的原因。

当我们完全地了解了韩熙载这个人的经历、思想等各个侧面之后，才能真正理解《韩熙载夜宴图》画中的那些奥秘。

否则的话，我们只能看到一个豪华的宴会的场面，而绝对不能理解为什么在那么热闹喜庆的家宴中韩熙载总是面露愁容。

第二部分

顾闳中是一位宫廷画家。

据我所知，宫廷画家比起一般的画家来有一个非常特殊的技巧，就是默写能力格外高超。

这个不管中外都是如此，因为要给那些王公贵戚画像，他们整天日理万机，忙得要死，所以不可能给你那么多时间当模特。

法国的里戈画路易十四的那幅肖像几乎精致到了极点，但是我们可以想象，路易十四本人站在那儿的时间，不可能超过三个小时，那么剩下的部分就全要靠画家的记忆力和塑造能力。

同样，西班牙宫廷画家维拉斯贵兹和戈雅都具备这个能力，我们看他们画的宫廷大场景群像，那些人物的动态都不可能是摆了很长时间的，一定是画家自己凭着记忆默画出来的。

因为顾闳中具备这样的默写记录能力，所以这一天，他接到了南唐后主李煜的一个命令，要他去完成一个很艰巨的任务。

李煜跟顾闳中说：“哪天哪天，韩熙载韩大人家里要举行一场家宴，寡人我不能去，但是你能去，你替我去，然后你记下当时的一切场景，回来之后给我画成一幅画，要绝对真实，明白吗？”

顾闳中：“可是陛下，您亲自去看不是更好吗？”

李煜："你怎么就不明白呢，我一去他们家还能像平时那样吗，那不就变成做给我看的了吗？你放心去你的，他们不会有任何戒备，到时候你才能画得真实。"

顾闳中："得嘞，那我为您尽忠是应该的，您就等着看画吧。

李煜："另外，我还让画院的周文矩也去，我让他也画一幅，你别多心，不是不放心你，我把你们俩的画参考着看，这样更真实，我一切就是为了真实。明白？"

顾闳中点了点头，领了密旨，回到家中，脑子里开始活动，后主这是要干吗呀？为什么要画一幅韩熙载家宴的场面，还那么强调真实？

自己也不敢多问，嗨，自己也是咸吃萝卜淡操心，在乎那么多干吗，上边让干什么干什么就得了。

• **《重屏会棋图》**

周文矩，五代时期南唐画家，建康句容（今江西省句容县）人，生卒年不详。

后主李煜时任翰林待诏，周文矩绘画以宗教人物见长，同时亦工车马，人物中尤精于仕女，其仕女图继承了唐代周昉的风格，并有所发展，如线条更加纤丽，多用颤动的笔触表现服饰的花纹。

因为同属南唐翰林画院，故周文矩和顾闳中为同事关系。

顾闳中当时可能一知半解，但是咱们书中代言，南唐后主李煜知道韩熙载是自打先主李昇时候就为朝廷办事，后来又辅佐了李璟一朝，可谓是元老重臣，德高望重，如今想请他出来，为南唐宰相，可是朝中传言韩熙载这个人生活放荡不羁，行为不检点。

尤其是这种资深的老先生，如果不够稳重的话则不足以为百官表率。

所以李煜强烈的好奇心驱使他迫切地想知道这个韩熙载平时生活中到底是一个什么面貌，到底像不像大家伙儿传言的那样。

如今正好有个机会，韩府大宴宾客，这时候最能体现出一个人的生活状态，如果他极尽奢华，排场甚大，那么传言很有可能是事实。

相反，如果韩家宴会朴素，仅为友人相聚，那么就说明韩熙载这个人廉洁奉公，可以把国家交给他。

那么，又有一个问题，李煜干吗不叫人回来把见闻讲给他听，非要给画下来呢？

这您就有所不知了吧，李煜这个人是个文学艺术家，他深知我们语言的密度是极其有限的，光靠描述，有很多细节是你说出大天来也讲不清楚的，可能你说了一车话，不如我一下给你画出来更直接。

李煜要的就是一个真实，就是一个原景重现，那个年头没有照相机和摄像机，要是有的话就好办多了，连画都省了。

从现存的《韩熙载夜宴图》来看，他家那天晚上的场景可谓热闹非凡。

顾闳中都不知道如何才能在一幅画中展示那么多的人物，最后他想了一个构图，就是把画分成五个小画面，每一个画面里都有一个韩熙载，他在参与五种不同的娱乐活动，周围配上相应的人物，展示就能全面了。

这是一种类似于连环画式的构图方式，在古代绘画中不多见。

而这种构图方式，则完全是出于实际应用的考虑，要不然交代不清楚的话没法跟李后主交差。

整个画面的分割是按照时间顺序展开的，顾闳中这一晚上眼睛就没离开过韩熙载及其周边，生怕漏了哪个细节以后接不上。

于是韩熙载走到哪里，顾闳中跟到哪里，当然也不能跟太紧，要不然韩熙载看着别扭，他该怀疑了。

宴会刚一开始，韩熙载招呼大家听一段琵琶，包括韩熙载在内有七个男的，包括琵琶女在内有五个女的。

男的顾闳中有的看着眼熟，有的认识，都是朝中的官宦，出来进去的，见面也都点个头什么的，女的就不认识了，估计都是他们家的侍女。

在这五个女子当中，还就属那弹琵琶的长得最顺溜儿，要不然人家能卖艺呢，那是有才艺的女人。

跟琵琶女面对面的，坐在正榻上那个戴高帽子的就是韩熙载。

就属他与众不同，一缕长髯格外显眼。他跟宾客都是高坐起来的。

唐明宗以后，垂足靠背座椅已经开始普及化了。韩熙载坐在三面围子的罗汉床上，代表着主人最为尊贵的位置。

韩熙载旁边还卧着一个人，一身红，颜色很跳，说明这是个重点人物——新科状元郎粲，被请上榻说明是当天的贵宾，他面前其实有一个几案，在罗汉床上，就是被韩熙载的身子给挡住了。

韩熙载面前摆着一条几案，上面放着各类果品、杯盏，围着几案坐的有几个人。但是在对面，有一位大人，他一人儿面前就是一个条案，上面摆着八样儿菜码儿，这位大爷太能吃了。但是他貌似还有点醉翁之意不在酒，回过头来，俩眼睛直勾勾地盯着边上这位琵琶姑娘，从眼神来看老感觉不怀好意似的，仿佛再听两段儿手就该伸过去了。

有记载说这位“不怀好意”的“大爷”其实就是这位弹琵琶的姑娘的哥哥，叫李家明，他斜身侧望是看自己的妹妹呢。仔细看能感觉这姑娘弹琵琶眼睛也没在琵琶上，而像是跟哥哥家明对视，俩人对眼神是什么意思，不得而知。

话说这琵琶女演奏得是动人心弦，嘈嘈切切错杂弹，大珠小珠落玉盘，余音袅袅，绕梁三日，听得众人是如痴如醉，顾闳中身在其中估计也得跟旁的人一样了。

曲终人不散，接下来进入下一个环节：观舞。

韩熙载换了件衣服，把黑袍一脱，换了一件黄衫，俩袖口往上一卷，手拿两把鼓槌，亲自击鼓为众人助兴。

刚才跟着韩熙载坐在罗汉床上的那位状元也下来了，坐在韩熙载边上的椅子上，一只胳膊往椅背儿上一搭，兴致勃勃开始观看舞蹈表演。

正当中这位舞女身材娇小，背对着观众，看不见脸，不过如果按照当时人的那种审美标准的话估计就算称不上是惊为天人，怎么也得算是花容月貌了吧。

这位舞女名叫王屋山，是韩熙载的宠姬，同时也算是有名的舞伎了。

她旁边还有一位女子为她击掌，估计也是打节拍，可是怎么看怎么像给鼓掌呢，那会儿中国兴鼓掌吗？

这回观舞好像没有配乐，所有人几乎都在打节奏，并没有能弹出旋律的乐器，这一点比较奇特。但是，如果同时配上画面另一个构图中那些侍女吹箫的场景，就能构成完整的妙舞笙歌了。

另外，画面里还出现了一个和尚，看来韩熙载的交际圈还真广，这跳出三界外、不在五行中的高人也都来参加这世俗的宴会来了。

歌舞结束以后进入休息环节，大家稍微放松一下。

韩熙载回了屋，卧榻之上稍微躺会儿，洗洗手，准备歇歇，刚才打了半天鼓了，多少有点累。

就这么一会儿工夫，顾闳中都不放松，跟过来了。他肯定进不了屋，只能在门口转腰子，时不常儿地趴着窗户沿往里瞅瞅。

歇一会儿，韩熙载一身便装走出来了，准备赏乐。

开始是听琵琶独奏，这回大家来个协奏。八成也是刚才敲鼓出汗了，他把衣服给解开了，这边拿扇子扇着，那边美女给伺候着，一个字，爽啊。

可是衣服都给解了，为什么那顶大帽子他一直就不摘呢？摘了失身份？扣着不怕后脑勺起痱子？甭管他了。

接着，空间又一转，屏风后面，仿佛是聚会结束，送客的场景，大家依依惜别，当天是宾主尽欢，多少还有点意犹未尽。

其实顾闳中希望宴会赶紧结束，结束了好麻利儿回家画画儿交差去，宴会真要搞一个通宵达旦的话，一宿不睡觉不说，自己得画多少东西呀，

• 罗汉床

早点散了吧，散了好。

这估计是顾闳中的心态。

在这幅画的构思中，顾闳中有一件家具的运用非常巧妙，就是屏风。

屏风本来就是起遮挡作用的，包括现在的中式室内装修都是如此，一开大门不能让人一眼就看到你们家里面，行话叫“一剑（见）穿心”，风水不好，就得摆放一个拦截视线的隔断，就是屏风，最早被称作“萧墙”。

屏风可谓是一种看似没什么用，其实特有用的家具，为什么这么说呢，因为单看屏风这东西的样子，真看不出来它是干什么的，一块挡板儿，往地上一支，说是隔断吧，好像也没隔开什么。

古时候屏风用于挡风或遮蔽视线。这种家具最早产生于西周时期，象征着周天子的权力和尊严。《礼记》云：“天子当依而立。”“依”做屏风讲。那么就说明了在重大的场合中，天子应当身后配上一个屏风。后来，它演变为一种具有实用性的，起分离、防风、遮蔽等作用的工具。同时由于屏风上绘有图案，也起到了点缀的作用，这种装饰作用到了明代发展为挂屏，上面可以镶嵌各种饰物，纯粹做装饰之用。体积较大的屏风大致可以分为围屏、地屏、折屏几种，体积较小的屏风有砚屏，枕屏等。

房玄龄为了告诫儿子们别做“官二代”的反面典型，一定要牢记戒骄戒躁的家训，于是把给儿子们留的话全都记在屏风上了，可见，屏风还有一个备忘录的功能。

由于屏风的挡风功能，我们古人将它移植到了床榻之上，便形成了罗汉床。罗汉床与普通的榻、架子床、拔步床共同组成了中国古代卧具的四大门类。罗汉床三面围子，可坐可卧，多用于小睡，即午休或间歇性休憩，与一般床榻不同的是，罗汉床兼具待客的功用，象征着被招待者的最高级别。故在《韩熙载夜宴图》中，新科状元可以被请上罗汉床，即表明了他主宾的地位。

不过，《韩熙载夜宴图》中的屏风最主要的还是发挥了阻隔视线和分隔空间的作用。五个画面中，有的是用罗汉床的围子分割画面，剩下的就是用屏风，比如侍女吹箫那个场景的背后就是一扇屏风，屏风后面是大家道别的场景。

单从画面上看，就仿佛是同时发生于屏风两侧，而情节上则是一个屏风的空间，分割了两个时段，这是一种非常超前的画面组织形式，顾闳中也真够大胆的。

这几百年来，专家学者一直都致力于研究这幅画背后的深意，也就是韩熙载当时的心情。

这不单单是描绘宴会的场面，实际上，就许你李煜有心眼，韩熙载就不能多个心眼儿啦？好歹也在世面上混那么多年了，尽管韩熙载有二百五的一面，但是他也有老道的一面吧。

按照一般的说法，韩熙载知道李煜有意任用自己为相，可是他觉得南唐就是诸葛亮在世也救不活了，北有大宋，亡国或者臣服是指日可待的，到时候如果自己身为南唐宰相，真等到赵匡胤抄南唐的家来，自己头一个就得倒霉。

他也知道李煜派人刺探自己，看看他的大臣平日里生活状况如何，借着这个机会就坡下驴，韩熙载赶紧伪装成奢靡腐化、不思进取的样子，成天没事干大宴宾客，三天一小宴，五天一大宴这么搞，迷惑李煜。

这是一种可能，还一种可能，说李煜最后把画好的《韩熙载夜宴图》送给韩熙载了，为的是教育教育他，钱都不是白来的，钱多也禁不住你这么糟践呀，省着点过吧……于是趁着韩熙载举行家宴，叫画家潜入韩府，画一幅他的夜宴行乐图，画好了之后给韩熙载送过去。

李煜本想韩熙载看完之后一面惊叹自己的一举一动都逃不过他的眼睛，一方面也为自己贪图享受的“小资产阶级情调”而惭愧。

结果反倒让后主失望，“熙载视之安然”，根本就是不为所动。

李煜心想我算是白忙活了，整个儿一热脸贴个冷屁股。

故也打消了让韩熙载事南唐的计划。

李后主本初对韩熙载是看好的，总想找机会把他提拔上来，也确实是爱这个才，但是无奈韩熙载是给了机会不中用，也可能是他本身就不想配合，故意装孙子。白瞎了李煜的一片真心，末末了韩熙载死之后，李煜还抱有一种遗憾。

根据《新五代史·李煜传》的记载，李煜就是觉得韩熙载生活太腐败了，确实不能为相，就给他的官职降到了右庶子，分司南郡。

于是韩熙载便遣散了自己家里的那一帮伎女，自己简装上任。李煜一看，嚯！可以呀，这个表现我很满意。就赶紧把韩熙载的官职给恢复了，您还是干您原来的岗位吧。

韩熙载一听怎么着？官复原职啦？嗨，这不是折腾我吗，好不容易把家里那帮“姑奶奶”给打发走了，要这么着还得叫他们回来呀，说着话一招手，那些被解放的艺伎丫鬟“呼啦抄”一下全回来了，韩熙载生活方式重新回归腐败，涛声依旧了。

结果给李煜气得跟什么似的，很无奈地说了这么一句话：吾终不得熙载为相也。（《新五代史·南唐世家》）

那么说韩熙载早年的时候那心气儿都不知道高到哪儿去了，怎么越往后越懋窝子了？

导致韩熙载一生郁郁不得志，最后竟然选择不惜用这种违心的方式就为了摆脱官场，这要搁以前，韩熙载巴不得当个宰相呢，为什么现在倒选择逃避了？

这里面原因有哪些？他自己的心里到底是怎么想的？

有这么一种人，他自己心里有一个被塑造好了的世界，每一个细节恨不得在他的脑子里都很具体，这就是一个人的主观世界。但是我们大家生活的反倒是一个客观世界，那么这两个世界一旦有不一样的地方可怎么办？

您是坚持主观世界不改变呢，还是随着客观世界调整你的思路呢？两种人两种做法，就能引导两种命运和两种心态。

第一种，就是我主观性强，自尊心强，很在乎自己的想法，不能轻易做改变。

第二种，就是我有我的主心骨，但是我也不怎么拿自己当回事儿，考虑问题很现实，很实际，能不断根据周边的形式调整自我。

您说，这两种人，哪种更好一点？

这个可不好说，看用什么标准了，如果用世俗的那种成功的标准来讲，第二种人更容易接近成功，第一种人总被第二种人教育，说你要现实一点，说你一定要学会圆滑处事，一定要韬光养晦……

世界是属于第二种人的，第一种人个性太强了，主观性太强了，一般艺术家居多，文人居多。

因为他们的才华致使他们的主观思想固若金汤，很难被打动。

现在的社会让这两种人的界限分得不那么明了，中国古代社会的时候这两种人分得可清楚了，一眼就能看出来这个人是精神至上的，还是现实至上的。

比如说，伯夷、叔齐不食周粟，陶渊明不为五斗米折腰，他们的精神层面之高，一定为社会所不容。但是他们又不肯降低自己的精神高度，那只能与世俗划清界限。

反观，清中叶首席军机大臣曹振庸，事乾隆、嘉庆、道光三朝而不衰，官运亨通而且十分稳定，人家的秘诀归纳起来就一句话：“多磕头，少说话，不求有功，但求无过。”

唯有明哲保身，才能持续发展。在一个身不由己的社会里，你老守着你自己的那一套思维方式可以吗？

不可以！

像曹振庸那样放弃一切精神上的标准，只为目的而生存，不在乎个人的风格，才能最终融入到那些成功者之列。

韩熙载后期的消极避世其实由两方面促成，一面是主观的，一面是客观的，咱们用唯物辩证法分析一下韩熙载的心理。

主观方面，确实是他的性格导致了仕途大起大落。

素来直率的性格，放荡不羁的行为，落实在表现上谓之“愣头青”，今谓之“愤青儿”。

上级不会从心底里喜欢你，至多是觉得你这人确有才能不假，但是性格实在太尖锐，跟你说话你老顶嘴，动不动就跟人抬杠，没法跟你有效沟通。

另外他能不能在党争之中跟上队伍也值得商榷。比如中主一朝，韩熙载与冯延巳的关系向来不好，而冯延巳足可以代表中主李璟，这样的人你怎么能跟他闹矛盾呢，跟他过不去就是跟李璟过不去，这是很明显的事情。

但是韩熙载不管那么多，他只把冯延巳看成冯延巳，而看不到他身后的政治背景。

客观方面，南唐的江河日下让韩熙载确实是失去了再拼一把的信心。

他可能真的认为你混到了头也就是一个亡国宰相，有什么了不起的呀。有本事的话，能够力挽狂澜，临危受命，用自己的政治才能把南唐国从死亡的边缘拉回来，看来韩熙载还是没有那么大的能耐，而且他也不可能有，毕竟一个人的力量是有限的。

这种事一定需要大家齐心合力一起来。

还有一种选择，如果韩熙载真的是老骥伏枥，志在千里，烈士暮年，壮心不已的话，既然早早看出了南唐的颓势，那么急流勇退，赶紧弃暗投明，投奔柴氏或者赵氏这些更强大的“东家”都有可能把自己的人生推向更辉煌的一个高峰。

他没选择这样是不是因为他的内心已经对这些东西失去兴趣了，这几年官场失意把自己折腾得不善，实在是心力交瘁了。

他也许是想安度晚年，踏踏实实把剩下的时光过完了，如今的韩熙载可能也是老了，禁不起闹腾了，于是心就沉寂下来了，什么李煜呀，赵匡胤呀，都去他的吧。

我们通过《韩熙载夜宴图》中一系列韩熙载的表情中能体会到，他眼神中流露出一种安逸的神情，好像在跟所有看他的人说这么一句话："我这辈子也就这样了，想别的都没用，谁爱怎么说就怎么说去吧，我啥都不在乎了。"

第三部分

韩熙载死后不久，南唐的气数也差不多了。

赵匡胤把周边那些乱七八糟的散碎政权一一全给收拾了，基本实现了中原地区的统一，宋朝开始称为"大宋"。

从各战败国汇集到宋室的"战利品"全都呈到了赵匡胤眼前，赵匡胤看得有点眼晕。

"拿那件儿我瞧瞧！"太祖指着一个上面镶满了宝物的器皿。

底下人告诉说这可是后蜀孟昶宫里头来的。

一件七宝嵌的壶，甚是华美，太祖拿着看了大半天儿，觉得挺漂亮，可是把鼻子凑上去一闻，老感觉不是味儿。

太祖问道："这玩意原来盛的什么呀，怎么呛得慌啊？"

"圣上，这原是孟昶的溺器，他晚上起夜时候接尿的。"

"怎么早不说呀，我都搁鼻子闻半天儿啦！我说怎么臊的呢！"

"您息怒，您息怒，看您看得挺入神的，怕坏了您兴致。"

"一把破尿壶我能有什么兴致啊！真行你可，不过孟昶这孙子更是有点‘稀’的，你们说他撒尿都用七宝嵌的，那丫吃饭得用什么呀！怪不得呢，就这德性，不等着亡国等什么呢。”（原文自《宋史·太祖本纪》：汝以七宝饰此，当以何器贮食？所为如此，不亡何待。）

“您教训的是，教训的是，为臣们谨记了。”

“去去去，赶紧别让我看见这玩意儿，忒丧气，砸了然后拿簸箕给撮走就得了。（原文记：椿而碎之。出处同上）那幅画儿是什么玩意，再拿来我看看。”

太祖看见的便是这幅《韩熙载夜宴图》，下人展开长卷，道：“这是打南唐来的画儿，听说是宫里人画的，您掌掌眼。”

太祖拿眼睛从右到左扫了一遍，问道：“这画儿干净吧？”

“干净干净，这回您放心的闻，绝对没问题！”

“贫嘛呀，我还逮什么闻什么呀，那不成狗了么，这画画的谁呀，瞅这意思是搞宴会呐，嚯，这排场，也够烧包的了。”

太祖谓众人曰：“知道这些国家为什么都被灭了吧，就因为一个赛一个腐败，刚才那七宝尿盆儿也就罢了，这又是燕舞笙歌，你说这些国家怎么能不亡，怎么能不灭呢!!”

“您教训的是，教训的是，您看，这幅画是不是也给一块撮喽？”

“别、别介呀，那多糟践东西呀，我瞅着画得还不错，留下吧，我收藏了，回头拿出来当个反面教材，教育一下我的干部们，别学这画里头的人就行了。”

“得令嘞！皇上圣明。”

这么一来，这幅画就收入宋室内府了。

北宋宣和年间，徽宗天子赵佶酷爱前代文人字画，对这幅《韩熙载夜宴图》更是珍爱有加，没事拿出来看一看，临一临，于是决定把这幅画也收录到《宣和画谱》里面去。

同在《宣和画谱》里，记录韩熙载夜宴的画不只有顾闳中一个人，还有顾大中的《韩熙载纵乐图》，也是南唐画家画的。到了宋代以后，仍然有不少画家围绕韩熙载纵乐为主题搞“命题作文”。

这说明两点，第一，韩熙载纵乐、奢华、腐败已经成为了一个相对著名的主题，不再是顾闳中的专利了。就好比西方艺术史中，所有画家都有权以“最后的晚餐”、“圣哲罗姆”、“圣安东尼的诱惑”为主题创作一样。

第二，也说明了韩熙载的奢靡已经都成为一种招牌性的东西了，那可见当时韩熙载败家都败到姥姥家去了，败出一定境界了。

另有史籍记载在韩熙载把钱花得差不多的时候，便更换褴褛的服装，扮为瞽叟，击独弦琴乞食于诸伎，久众习之，鲜以惊。

韩熙载无论什么时候都不忘了搞点行为艺术，看来真不拿自己当正经人，他这种性格是跟年龄无关的，他一贯的个人作风就如此。

所以《马氏南唐书》里这样说：“（南唐三代）儒者之盛见于载籍燦然可观，如韩熙载之不羁，江文蔚之高才……”

闲话休提，书归正传。

南宋之后，《韩熙载夜宴图》一度为宁宗、理宗两朝重臣史弥远所有，并且有人重新临摹了这幅《韩熙载夜宴图》，从此这幅画的版本就开始多了起来。

我们现在看到这幅《韩熙载夜宴图》上最早的印章就是史弥远盖的“绍勋”印。

说明当这幅画流出宫廷以后，可能第一位藏家就是他。

可能在他之前也有过，只不过时间久远，有些地方破损给剪裁了去也未可知。

另外有人根据画中的家具和器皿推断风格更类似于宋代的，也许我们见到的这幅画并非原作，而是宋人摹本。

他们有理由这么认为，但是这个并不在我们的讨论范围之内，我们接着往下讲我们的。

元明两代藏家陆续在《韩熙载夜宴图》上加题诗款，钤印，到了清代，这幅画被一个叫“积玉斋主人”的人收藏过，在画的众多提款中，有这么一句：“韩熙载所为千古无两，大是奇事。此殆不欲素解人者欤。积玉斋主人观并题识。”

单凭一个堂号，可看不出来这个人是谁来，不过经过专家的一番考证，认为这个“积玉斋主人”是雍正朝的年羹尧年大人。

据说年大人得到这幅宝画的时候连续几天闭门谢客，旁的事儿都先放一放，自己得给自己关在书房里好好瞅瞅这幅传世之作，也才有了上面我引的那几句题词。

听到这儿，您或许问了，我们知道年羹尧不是个武将么，怎么也学文人，不光给书房起个素雅的堂号，而且还附庸风雅，搞起收藏字画来了。

有清一代，向来讲究个文武双全，因为清朝统治者向来注重汉文化，文官都是两榜进士的底子，那些后来当上武将的官起初怎么也得是个“进士出身”，所以都是有一定的文化修养的。你像什么阿桂呀，福康安呀，人家不光是将军，这也都是大学士。

但是，由于年羹尧过分自我膨胀，让雍正皇帝忍无可忍，最后削官夺爵，落得个身败名裂。

年羹尧家被查抄了以后，家产充公，归入清廷，直至宣统一朝，末代皇帝溥仪自幼接触西方文化的教育与熏染，出国留学的愿望日益迫切，基于此，便为那些后来被收藏界奉为传奇的“东北货”的出现预设伏笔。

根据溥仪《我的前半生》中原文的描述：

我们行动的第一步是筹备经费，方法是把宫里最值钱的字画和古籍，以我赏赐溥杰为名，运出宫外，存到天津英租界的房子里去。溥杰每天下学回家，必带走一个大包袱。这样的盗运活动，几乎一天不断地干了半年多的时间。运出的字画古籍，都是出类拔萃、精中取精的珍品。因为那时正值内务府大臣和师傅们清点字画，我就从他们选出的最上品中挑最好的拿。

大量的宫中旧藏有一部分被溥仪、溥杰、溥佳等人瞒着运出宫外，另有一部分被宫中的侍从乃至太监趁着这股子乱乎劲儿带出了宫，有的被卖到古玩市场，有的就被私藏了。

但是不管怎么样，原本在宫里不见世人的宝贝，在清末民初动乱期间以各种方式流出宫外，散落到民间，成为了促成中国历史上第四次收藏热的一大重要因素。

溥仪随后前往东北，在日本人的控制下做伪满洲国皇帝。

在东北长春，跟随溥仪的还有大量的珍贵文物，数量应该在2000件以上。

但是时间不长，“二战”结束，日本战败，在东北部分的日本人需要“转移”，应名儿是叫“转移”，实际上即是撤退。

撤退途中被当时的解放军和苏联红军联合阻截。

日本人跑了说实话不要紧，关键就是我们知道伪满携有大量中国文物，这些东西必须抢回来，所以，我们的口号是：人可以走，把东西留下，胆敢说个不，一枪一个不管埋。

当然了，这里面有苏联人捣乱，他们趁乱也匀走了一些古玩。

我们能救下的仍旧是一部分，另外还有很大一部分在东北流散，去向不明。

故而民间出现了很多论麻袋称分量的文物，里面有瓷片儿，有古字画的局部，有的是给撕成碎片的，这么说吧，一麻袋东西扔你眼么前儿，没人说你不知道这里头是文物。

这就是东北货，对文物来说可算是受了委屈了，原来都是宫里高高在上的国宝，现在弄几大筐编织袋儿就给打发了，暴殄天物。

很不幸，《韩熙载夜宴图》就是其中之一，但是又万幸，它没给撕成几段儿，基本上还保留着原样。

那么说后来这幅沦为“东北货”的名画下场又当如何？后文自有叙述。

第四部分

抗日战争胜利之后，我国现代画家张大千一直暂居北京颐和园，住了这么些日子，他感觉北京这儿确实不错，不论是风土人情啊、风土人情啊，还是风土人情啊，都特别吸引他。

全是风土人情啊?！嗨，就说这个意思，张老爷子看上这块宝地了，里九外七皇城四，九门八点一口钟，王气所在，文化气息浓厚。

张大千动了心思，想在北京买套房住着。

1945 年秋，张大千筹出了买房置地产的钱，正赶上当时有一所清朝旧王府的宅院出售，前后三进的大院子，还有一个后花园，里面有假山呐，池塘啊，还有回廊，环境古朴，正好跟张大千本人的风格相投。

张大千几次看房，感觉很满意。

说话就把订钱给人付了，再把剩下的款项结清就可以直接搬过来入住了。

中间出了档子事儿。

当时张大千还致力于回收散落在民间的古字画三幅，分别是《潇湘图》，《江堤晚景图》和《韩熙载夜宴图》。

为了收购这三幅画，张大千一共耗资 1500 两黄金，其中三一三十一，有 500 两便是买回“东北货”《韩熙载夜宴图》的钱。

这幅画起初出现在马霁川的玉池山房，马霁川这个人我记得前文书中提到过他。今天，他将出售不久前购得的《韩熙载夜宴图》真迹，索价是 500 两黄金。而且他这回是一改古玩行里还价的规矩，500 两黄金少一分钱不卖。

一般来讲，收藏爱好者遇到这种情况的会分成两种人，一种，有钱但是眼力不济，怕打眼吃哑巴亏，所以不敢出这大价钱。

再一种就是有眼力，但是在财力上稍微欠缺一点。

那么说还有第三种吗？张大千便是。

他财力上既够支付，眼力又是天下闻名，他和张伯驹在收藏字画方面可以平分秋色。

得到马霁川出售《韩熙载夜宴图》这个消息以后，当晚，张大千叫上学生萧允中，决定夜赴玉池山房先看看画，弄好了就真给它买下来。

张大千也是求画心切，一方面，他想让这幅画留在国人手中，自己要是不买，未准什么时候就让外国人给钻了空当了，这一点上，他和张伯驹是一样的。

但可有一截，张大千比起张伯驹来一直差着一头，怎么呢，论收藏字画的年代来，大千的收藏多为元明以后的作品，而张伯驹的收藏则以唐宋以前的为主，历史价值更高。

现在张大千好不容易看上一幅五代时期的，他怎么能轻易地放过机会呢?

张大千和马霁川两人的交情不是一般的铁。

为什么这么说呢，因为当张大千决定买画之后，为了进一步确认画的真伪，他提出先把画拿到叶公绰家验货，如果东西对，第二天交钱交货没的说，万一东西不对，没关系，该怎么着怎么着，不伤两人交情。

马霁川同意了，他能这么放心，说明互相是积累过信任的。

当后来画被确认是真迹无疑的时候，张大千拿着500两黄金，交付玉池山房，完成本次交易。

钱是交给马霁川了，可那边王府的宅院的钱就凑不齐了。

张大千前前后后可花了不止这500两，还有另外1000两买别的画了，所以这边房钱就更拿不出来了，最后张大千索性也不买房了。

人说他这不是丢了西瓜捡芝麻吗，他倒相反，他本人的意思是有这几幅画在手，够买它十座大院子的。

但可有一样，您横不能把这些画儿再高价转卖了吧，值钱是值钱了，可是守着它们也守不来一天的“嚼裹儿”呀。

不管那个，艺术家，人家真性情，咱们这都是“俗”，他可雅呀，专门刻一“大”（此处发音de四声）印章，上写一句话，辞曰：东南西北，只有相随无别离。

意思很明白了，就是今生与此画不分开了，我到哪，你到哪。

不过后来，张大千可没有信守印上的诺言，他又要转手卖出这幅《韩熙载夜宴图》了。

这大伙就不明白了，这好么秧的怎么要卖呢？

主要是张大千这回是真缺钱了，他想移居阿根廷，凑经费。

哎？您问了吧，这张大爷怎么说话一会儿一变啊，他之前不是还说要住北京呢么，怎么这么会子又要往出搬呢？

嗯，可不是吗，北京的房钱都让他换了字画儿啦，剩下的不够挑费了，不搬没地儿住了。

可是，之前都盖了"戳儿"了，"东南西北相随无别离"啊，今儿个说话就要卖了，显得咱有点……

没关系，东西是死的，人是活的不是，再刻一方闲章，写四个大字："别"、"时"、"容"、"易"。

这不就结了，告诉你们，咱是有苦衷的，收藏起来很难，但是要离别了，却很容易，我这不也是没办法嘛。

李商隐道：相见时难别亦难。张兄这倒好，别时挺容易，比李商隐放得下。

话说这一日，张大千请友人徐伯郊会面，中途就谈及了这件事。张大千说要在来年的二月份在阿根廷举办一次画展，届时也看看那里的环境，如果觉得那儿好的话呢，就在那常住了，可眼下手头也不老宽裕的，所以经费这方面，自己有一个小小的想法，就是想把手里存着的两幅画卖掉。一幅是《韩熙载夜图》，另一幅是《潇湘图》，另外呢，还有些敦煌的密卷，想借着这个节骨眼给一勺烩了。

当时，担任中国文物局局长的是郑振铎先生，他同时期也正在致力于替国家回收一些散落的文物字画，一方面能把它们集中起来加以妥善存管，另一方面就是怕落入洋人的手里，别让国宝流失海外。毕竟由打英法联军开始这几十年好东西没少往外"溜达"。

• 郑振铎先生[1]

因为郑振铎有意让徐伯郊帮忙利用在香港工作的便利多打听些相关的信息，看看能不能通过朋友啊、同事啊之间的关系，联系一些能将民间的文物卖给国家的人或者机构，共同来完成这项收集散逸文物的工作。

这样一来，你有心，他有意，张大千和徐伯郊可谓是一拍即合了。

后面的内容咱们简段截说，张大千通过徐伯郊做了个中间人，以2万美金的价格把《韩熙载夜宴图》和《潇湘图》外加那些敦煌密卷一并转让给了国家文物局。

2万美金呐，听着不少是吧，但是要比起这些文物来，就如同白给一样啊。国家也很是感激，觉得像张大千这样重义轻利的人可不多了，感谢人家吧。

① 新中国成立以后，国家表示重视文化，大力开展了文博工程。

故宫博物院十分重视文物的回收与保护，故不惜重金从境内外收购国宝。同时，亦有很多来自社会各界的大收藏家纷纷捐赠国宝。在多方努力的作用下，我国至今共收回了23万件文物于故宫。新中国成立之初，郑振铎任中央文化部文物局局长，主要负责收集民间散逸文物的工作。在抗日战争时期，郑振铎的父亲便开始着手抢救古籍，因为有很多典籍已经流出海外，为了尽量控制这种局面，郑振铎的父亲仅凭一己之力，倾其所有投入到挽救文物的工作中。后来郑振铎继承了父亲的事业，并且自己率先捐出了家藏古籍十万余册，起了个模范带头作用。

第四章

慢着！大千同志，您捐的画有问题

——《潇湘图》

中国绘画的收藏史中，有些人物是总也绕不开的。

张大千，这个名字在艺术界和非艺术界都叫得响，不懂画画的人大概也知道这是一个大画家，跟徐悲鸿一样的。我想，本章先用前半部分的篇幅为张大千做一个小小的介绍，后半部分着重说一说他捐赠出来的那些画。

在他的生平中，曾经收藏过很多历代的书画珍品，同一个时期，有另外一个“大腕儿”能跟他叫板，就是张伯驹。

有三件很巧的事，第一，张大千跟张伯驹从名字上大家都能看出来，都姓张，但是同姓各宗，这俩人没关系；第二，两个人都对艺术品收藏有浓厚的兴趣；第三，在他们的晚年，都曾经不同程度上捐献过自己的藏品。

不同的在于，张伯驹是先天条件优秀，家里趁钱，说要买个字画什么的，甭管你开多高的价格，我也能给你买下来。张大千不行，他是后天修炼的，年轻的时候也是飘忽不定，说了您未准相信，张大千早年干过土匪，当然也是被迫的，赖那帮山上的土匪，谁让他们随便“强抢民男”的，不过好在后来张大千毅然决然地退出了“土匪圈儿”，他觉得这圈里实在不好混，潜规则太多，算了吧，咱是高尚的人，不在这个圈儿里待着，退吧。

于是他成功地由一个土匪转型为文人（怎么听都有点别扭）。

尽管这俩行业差得有点远，但是张大千还是很乐此不疲地在文化界打拼。

张大千在二十世纪中国画坛是以画家与收藏家的双重身份出现的。

一方面，他被誉为“画坛皇帝”，与西班牙的毕加索并称，毕加索我们后文会提到他；一方面，他曾高价收得董源的《江堤晚景图》、《潇湘图》、宋人的《溪山无尽图》、五代顾闳中《韩熙载夜宴图》等等。

这些画后来被张大千捐赠或转卖给了国家文物局。记得在讲述《韩熙载夜宴图》那一章中我提到他为了阿根廷画展一事转让了包括《韩熙载夜宴图》、《潇湘图》在内的一批文物字画。那时候我们好像还夸他风格高来着。这回便在这里，着重说一说这些画的真伪问题。

这确实是一个问题，您风格高是一方面，捐了半天东西不真，这玩意儿是膈应人的事儿啊。尤其是对于《江堤晚景图》和《潇湘图》。

有很多描写张大千生平的传记文学也好，论文也好，在评价这些事情的时候有两点特别讨厌，一个是所述信息未必客观，再一个是带有笔者感情色彩。

在对事实做陈述的过程当中，尤其是对于一个真实的人物来讲，一旦加入了小说的笔法，让读者体会出了作者的情感倾向，就特别容易误导人，让别人不知不觉地跟着你的语气走，从而让这个现实人物的形象产生扭曲。

恐怕在张大千身上已经有这样的事情发生了，因为有的人已经严重质疑张大千的道德品质问题了。

这些细节在后面也会陆续谈到。

对于张大千道德品质质疑的很重要的一关就是关于作伪。

早年的张大千在日本留过学，家里人老觉得学画画这门手艺将来搞不好没饭吃，所以趁早先学一门实用的本事备着，将来都好有个退路。

于是供张大千在日本学习织染技术。

家里为了让张大千学有所成，真是不惜下本儿啊，拿钱不带心疼的。张大千这时候也特有意思，人家留学生刚开始到国外去得先过语言关，没个半年功夫下不来。人家张大千没有，家里不是给出钱吗，好，人家给自个儿来一翻译，随身带着。老师上课讲什么了，听不懂不要紧，这不有翻译吗，来，给译成中文。

学习倒是方便了，但是赶到毕业的年头了，人家同学们日语叽里呱啦的说得溜啊，张大千一句不会，也就是个“哟西”（好），“空你其哇”（你好），“米西米西”（吃饭）这种程度的还行。

回国之后觉得这专业实在是不喜欢，还是爱画画，于是继续自己的学艺之路，也拜了不少名师。但是学艺术，靠老师是一方面，师傅领进门，修行在个人了。要想真正学透中国的传统绘画艺术，还得“师古”。

临摹古人，以先辈大师为师。

张大千确实是天赋惊人，他师古，而且能做到把古画临摹得极为相似，几近乱真。

渐渐地他发现自己有这么一种才能，也是颇感欣慰。

在研究董源、巨然、八大山人、石涛等人的绘画中，他渐渐发现自己临仿石涛的画是最像的。要说别的临摹可以乱真的话，那他临摹石涛的画就可以达到“替真”的程度。

所以，基于此，他也就用自己这一招鲜，吃遍了天。蒙了不少当时收藏鉴赏名家。

我点几个，这都是当年让张大千仿的赝品给“打过眼”的。

张学良。

人称少帅，帅呀，具有儒将风度的这么一位了不起的军人。

我们看“双十二事变”时他和杨虎城的照片，就能看得出来，小伙子是英姿勃发，风度翩翩，文武双全。

此人嗜好收藏，他有这么一间大屋，全都是自己收藏的字画。作品多以明清为主，什么唐伯虎啊、沈周啊、董其昌啊这些人的居多。画轻易不示人，作为自己的私密收藏。

有这么一回，张学良经人引见，高价购得了几幅石涛的名画。那时节石涛的画行情特别火爆，这个收藏也是看行情的，这一点跟炒股有点像。

张学良得了几件宝贝自是喜不自胜，关门谢客，得好好欣赏，怎么说也是花不少钱买来的呢，不多看两眼亏了不是。

后来，经过多方专家的鉴定，认定是真品。

就在众位专家点头，张学良喜笑颜开之时，张大千自己没事偷着乐开了。

怎么呢？画这些画的不是旁人，正是张大千本人，他仿石涛的，仿的比真的还真，专家也看不出来。

他自己挺美。

我们说张学良毕竟是军界之人，论眼力不及那些文人收藏家，被请来的专家碍于少帅的各种情面，没有戳破他打眼的真相，也算说的过去了。

那么下面这一位，论资格，可是张大千的前辈了，而且自己本身就是绘画大师。他再让张大千用赝品蒙住了的话，就真说明张大千的造假已经可以算是“膝盖上挂暖壶——水平（水瓶）比较（脚）高了！”

这位上当受骗的大师是谁呀，大艺术家，黄宾虹老先生。

黄宾虹家里收藏过一幅石涛的真迹，张大千当时特别想要，老头不给，张大千就憋坏主意。自己画了一幅石涛的假画。

张大千自信满满地认为这幅假画绝对可以盖过黄老先生手里的那幅真画。如果这两幅画同时摆在黄宾虹眼前，相信他一定对于张大千画的这幅假的更加爱不释手。

基于这种预测，张大千通过自己的一个老师曾农髯先生（曾先生和黄先生都是当时艺术圈的朋友，互相都有交情）传给黄宾虹一个信息，就说学生张大千，最近也收得一幅石涛的上等作品，想诚心登门拜访一下黄先生，共同展卷，互相欣赏，看看如何。

这个就很好，你也别光看我的，我也别光看你的，咱俩换着看，谁都不亏，黄老先生挺痛快就答应了，约好了什么时间，张大千登门拜访，胳肢窝里夹着自己的这幅伪作，高高兴兴来了。

互相交换了画作，老先生傻了，画得太好了，就跟石涛活了，昨晚上挨张大千他们家亲手画的一样，仿佛墨都还没干呢！

可不是没干嘛，本来就是个新的。

黄宾虹果然爱不释手，但是自己想要吧，毕竟张大千是晚辈，就这么拿人家小孩的东西，太不符合自己现在的身份了。

算了！黄宾虹决定，拿我这幅石涛，换你那幅石涛，怎么样。

张大千当然高兴啦，当初他就这么设计来着。

于是，真的换假的，张大千比较缺德，哪能这么坑人家老先生啊。

所以，屡次三番地靠着高超的作伪技术干这个，就成了张大千后来为人诟病的一点。

当然，有很多人也在指责张大千对感情的不专一乃至到了不尊重感情的程度。本人倒是对此点略表认同，这个我们后面也会提到，故暂且按下不提。

在古玩一行中，作伪，一般来讲可以简单地归纳为两种目的。

一种是恶劣的，就是欺世，盗世，用来牟非法之利。比较可恶。

一种是可以原谅的，就是单纯的摹古，我先声明，我这是追摹古人，本身就是假的，只是标志着我的能力所能达到的一个高度，并不在古人以下。

这种情况中往往带有一些炫耀的成分。

张大千主要属于后面这种，他那时年轻，喜欢炫耀自己的技巧，是可以理解的。而且那个时候他是个无名小卒，没点噱头也不好夺人眼球。这样一来至少一提张大千，人们知道了，就是学石涛学特像的那个！

小有名气了。

但是，摹古不能超越古人，便是绘画的一大忌。因为你不能逃托窠臼，总在别人的阴影之下，没有自己的风格，你的艺术就死了。

张大千必须要再往前走一步。

于是，张大千努力修行，更进一步。进入了欧阳中石先生所讲的“临摹无我，写字无人”的新的境界了。在他渐渐开始形成个人风格并且趋于成熟的时代，同时也是他的绘画事业蒸蒸日上的一个时代。

年过三十，张大千在艺术圈站稳了脚跟，事业有了稳步并长足的发展，画展十分成功，艺术界也结识了徐悲鸿、溥心畬等名流。

在感情生活上，也趋于美满，在他三十六岁那年，张大千也找到了自己真正的意中人杨宛君。

杨宛君原来是个唱大鼓的。

有一回张大千在北京中山公园水榭举办个展，正好听戏见这个姑娘，一见就喜欢，下了台之后就找机会跟人搭搁，没想到两个人就一拍即合，才接触了不到一年，订婚了。

这事儿来得多快。

两个人彼此是非常的恩爱。

这个时候，张大千一只眼瞅着自己的事业，一只眼瞥着怀里的娇妻，估计他就该琢磨：看来我当初还俗是对的！

这是从何说起啊，嗨，您呐，有所不知。早年张大千是出过家，当过和尚的。

现在咱们一口一个张大千，张大千这么叫着，殊不知咱们叫的就是人家出家时候的法名！

那是在张大千从日本回来后不久，由于在人生道路上还比较迷茫，正在逡巡不定的时候，突如其来的打击，从小青梅竹马的表姐谢舜华死了，这如同晴天霹雳一般，一下就让张大千的精神崩溃了。

张大千就此遁入空门，出家为僧。

一般一个真正的出家人，在出家之前一定是经过了深思熟虑的，绝对不是受了某些打击之后才选择这条路的。

理由是，只要你在凡尘中会受到来自外界的打击，那么你便是尘缘未了，你没有做到真正的看破与放下。这样一来，出家就变成了消极避世的障眼法，它违背了出家的本意，是瞒不了多久的，时间一长必然会产生矛盾。

张大千就属于那种借出家来逃避现实的做法，所以时间长了，就出问题了。

僧人是要剃度的，张大千就开始动摇，我们看和尚脑袋上老点着点（现在和尚有的也不点了），张大千也不想点，点它干吗呀，多疼得慌啊，不点。

张大千修佛的几个月里，整天无聊得要死，看佛经也看不懂，寺院生活又十分的清苦，最后实在坚持不住了，索性还俗了吧。

里外里仨月，拢共当了一百天和尚。

这时候的张大千年轻，六根尚未清净，根本摆脱不了世间这些乱七八糟的牵挂，所谓佛缘未到，于是出家就成了他人生中的一段小插曲。

1956年，有一件事情一直为人们所津津乐道，那就是代表东方艺术最高成就的张大千，在法国南部尼斯港的“加利福尼亚”别墅亲切友好地会见了代表西方艺术最高成就的帕布罗·毕加索。

张大千对毕加索也是很感兴趣，虽然他不怎么懂西画，但是毕竟在世界各国游历，同时画展也是一直在办，不可能不接触当时国际上的那些大画家。

毕加索就是其中之一。

7月29日的中午11点半，两个人约好见面。

外国人的时间观念跟咱们不一样了，中国人约串门哪有卡这个时间的呀，这明摆着是饭点儿啊，你大中午的上人家干吗去，蹭饭去了。

可是人家就安排在这个时间，这叫会餐。

张大千准点准时，到了，啪啪这么一打门打里头出来一人。这是负责接待的，把来人引进来以后，毕加索非常亲切地上前来介绍。

张大千一瞧这屋子气派呀，原来是一座古堡，后来经过毕加索花重金重新装修了一遍，变成了一个兼起居与绘画一体的大别墅。

屋子很大，很宽敞，里面堆满了各种各样的油画，当然都是毕加索的风格，人长得都跟比目鱼似的，俩眼睛都长一边儿，鼻子歪在另一边等等扭曲的造型。①

另外还有很多毕加索制作的陶器，说实话，大师亲手制作的陶器着实不敢恭维，都跟刚从北京周口店遗址底下刨出来的似的。

就座，毕加索抱来五本大画册，翻开一看，里面满满当当，全是他临摹的齐白石的画，虾呀什么的。请求张大千给指点一下。

---

① 立体主义，1908年源于法国，是20世纪新兴的一种绘画思维模式，因艺术评论家L.活塞列斯在《吉尔·布拉斯》杂志上评论布拉克的作品《埃斯塔克的房子》中提到了“立方体”一词，故而得名。该画派主张打碎、分裂、解剖物体的形态，一般的透视法不画被遮挡的面，而立体主义则摒弃原有的透视法则，对物体的每一个侧面都加以抽象化描绘，多以几何平面形态表现。所以其内涵往往难以理解，大概也只有作者本人知道他要表现的东西。代表人物为布拉克和毕加索，尽管他们的作品为人所不解，但是在传统艺术和印象主义占主流的19世纪末，他们的思想影响了新时期的艺术观和平面设计的思维。

毕加索画油画有一套，画国画笔法明显稚嫩，因为别看都是毛笔，使的不是一股劲儿。简单来说，国画讲究“墨分五色”；油画要求“笔笔不同”。国画每一个运笔都是有节奏、有章法的；油画则主要强调最终是整体效果。

重点不一样，训练的方面也不一样。

张大千如实地提了几点，比如关于水墨的控制，运笔的轻重缓急等等，毕加索也是听得津津有味。

最后毕加索赠送给了张大千一幅《西班牙牧神》作为纪念，来而不往非礼也，张大千也回赠给了毕加索一幅《墨竹图》。

临了临了，毕加索跟张大千说了这么一句话，他非常激动而且带着疑惑地问：“我就不明白了，你们中国人为什么都要跑到巴黎来学艺术？世界上，只有中国、日本、非洲才有艺术，欧洲根本没有艺术，白种人都没有艺术！”

这段很著名的话令大批研究西方艺术史的人颇为费解，老毕此言是从何说起呀，是当初翻译的问题？还是记录此事的人写的不实？现在搞不清楚了，东方有艺术是不假，西方怎么会没有艺术呢？老毕这话怎么听怎么像是喝高了。

这一点确实值得商榷。

• 毕加索的画

“只有中国有艺术，西方没有艺术。”如果根据毕加索这幅画来看的话，确实是这样的。

这女的要能长成这样也太“有才”了。第一点先可以肯定，她是甭想嫁出去了，再一个，她父母得多寒碜呀，给人家孩子“遗传”成这样……

犹如诸多艺术界的风云人物一般，张大千的情感生活也是极其丰富的。

张大千的情感世界中，在编制之内的正妻有四个，依次为：黄凝素，曾庆蓉（元配），杨宛君和徐雯波。

杨宛君我们前面提到过。后来她不幸得了乳腺癌，必须要回到娘家踏踏实实养病，禁不起折腾了，这样一来，渐渐不能满足张大千了。张大千与杨宛君的感情蜜月期也随之结束。

黄凝素虽然先入为主，但是由于曾庆蓉是名义上的正妻，所以黄氏只好屈居第二，窝心呐！

黄凝素最后和张大千关系闹得很僵，因为她老打麻将，也不顾家，和张大千就经常闹矛盾。最关键的，她貌似和别的男人通奸有染，这一点最为出轨。不过话又说回来了，张大千的感情生活都那么丰富了，凭什么黄凝素就不能丰富一下？这不公平啊，但是张大千可能不这么想，于是他们夫妻俩的关系一直是很令人担忧的。

好在关键时刻，第四个人儿出现了。

徐雯波，这个人着实有点儿意思。

她的原始身份比较特殊，她是张大千女儿张心瑞的同班同学。因为平时很喜欢画画，所以女儿就经常把她往家带。她爹张大千一看这小姑娘有点意思啊，娴雅恬静，嗯！我喜欢的类型。

这位徐雯波呢，一见自己同学的爸爸，了不起呀，大名鼎鼎的艺术家，尤其是胸前这一缕长髯，都快赶上关公啦，太潇洒了，这正是我朝思暮想的“成功老男人”的典型啊。

又是一个一拍即合。

自此，徐雯波的出现也及时地填补了张大千即将面临的情感的空白。一来二去以后，“成功老男人”照例成功地得到了妙龄少女的芳心。

按照我们一般的思路，都是同班同学互相恋爱，男生喜欢班里一女生，或者反过来，对吧，到徐雯波这儿可好了，本来一班花儿，男生都追，结果末末了倒让同学家长给娶走了！

这帮追她的男生们估计得气晕过去，你这叫什么事儿啊！

当时据说是这位徐雯波特别崇拜张大千的艺术，想拜他为师，张大千一想那哪儿成啊，那可就一日为师终身为父啦，我当你爸爸哪儿行啊，我的终极目标得当你的……

所以张大千拒绝了拜师的要求，这样，最终徐雯波才能顺利地转型为张大千最年轻、最娇美的夫人。张大千闺女张心瑞还冤呢，心说徐雯波你是我同学呀，怎么好么秧地突然变我妈了……

但是事情就是这样，谁让人家有钱呢。金钱在这里又一次说明了问题。

唉……

不过也说不定是我这人忒庸俗，人家也许是高尚的爱情，让我给说得“不纯洁”了，张老您多包涵。

另外，在四个正式的妻子之外，张大千在日韩又有过两次艳情。

情人都找日韩范儿，看来那地方打上个世纪就出美女，而且大千兄的审美确实比较“东方”，哈韩哈日。

这一点就看出张大千跟他那“老哥们儿”毕加索有一拼了吧。

毕加索就这样，他那桃色故事更多了，一生不断，而且大多还都是刚开始美女崇拜他的艺术，然后毕加索请她们来自己的画室，头一回来先观摩，然后当模特，当完模特直接成就好事。

全是这个。

记得当年我看过一电影，讲的就是毕加索跟女人们。

有一段情节我记忆犹新。毕加索在火车上遇见俩女的，然后那俩女的特别崇拜毕加索，毕加索就请她们到自己的工作室。来的那天正赶上下雨，俩人都淋湿了。

毕加索一看正好就坡下驴，让俩人洗澡去吧。

女的洗完澡刚出来老毕就迫不及待要调情，女的不愿意？不愿意才怪了呢，乐在其中，也不知道这老头哪来那么大诱惑力。你要说这是一帅哥倒不稀罕了，一老头满脸褶子你搞个什么大劲啊。

那帮女的该说了，我们是欣赏人家的艺术！

扯！你们自己信吗，毕加索那画儿问你们谁看得懂？

所以，在对待男女情感这方面，这两位艺术家确实有些相似的地方，姑且称之为洒脱吧。

话题扯远了，我们就不在张大千本人的生活方面着墨太多了，还是书归正传，来研究一下张大千卖给国家的这些文物吧。

包括张大千自己都说，后来他发现《江堤晚景图》和《潇湘图》是有问题的，而当初，在购买《江堤晚景图》的时候，他是凭借着赵孟頫的一个书札中对该画的形容与张大千眼前看见的这幅十分相近，故以此断定这幅画为真迹。

后来的专家再经过了类比研究等方法之后，发现当初张大千的证据能被推翻。

上文说，赵孟頫的书札对《江堤晚景图》的形容与该画内容“十分相近”，可是并没说“完全一致”。所以这中间出现误差的概率有多大，时间一久远，这条证据就越来越显得有缺陷。

而关键的是除了这一个证据支持以外，就没有别的证据支持了。

所以这幅画的真伪就有了争议。

之所以存在争议，持这幅画为假画的人还不足以说明事实，证实这就是一幅假画，是由于该画上面确实有诸多大鉴赏家的题跋，比如吴湖帆、叶公绰等名家。

所以，现在对于张大千的这幅藏品，便出现了来自很多方面完全不同的看法。比较平和一点的看法就是说这幅画是元代匿名画家的仿品，仍然具有一定的历史文化价值。还有的看法比较尖锐，矛头直指张大千和他的学生们，说这幅画根本就是张大千率领众弟子一起伪造的。觉得张大千年轻的时候既然有那样的看家本事可以骗过任何一位鉴赏家，他后来艺术更炉火纯青了，骗起来不更容易了吗，无非是动动笔的事儿了。

两种说法我摆出来，真假不敢妄断，还是要时间与事实去检验。

而对于另一幅画《潇湘图》的真伪问题，1982 年，也就是张大千人生最后岁月的时候，他也把话说出来了。他跟鉴赏家谢稚柳如是说：“《潇湘图》有问题，需要再研究。”

这话的意思在于他也并不是特别清楚这些画究竟有没有问题，他只是表示了一个怀疑，东西可能不对，而且他也许意识到自己大限将至，赶紧把这个想法告诉相关人员，怕哪天来不及没日子说了，那就遗憾人了。

《潇湘图》，五代画家董源绘。

董源，中国江南山水画派的早期人物。

在风格上，您要留意在其之后的诸如黄公望一类的画家的画，都能发现一些董源的影子。因为后世的画家多少都有点学他。

董源与巨然齐名，人称“董巨”，画风中总带有一种平缓连绵的深远意境。

在他的画中，无论是山还是树木，不像范宽或者郭熙那种大气磅礴，反倒有几分静美与安详。

现在传世的董源的作品大概有这么几幅：《潇湘图》（现藏北京故宫博物院）；《夏山图》（现藏上海博物馆）；《江堤晚景图》（现藏台北故宫）；《夏景山口待渡图》（现藏辽宁省博物馆）。

针对这些画，现在有一种观点认为除了《夏景山口待渡图》是董源真迹以外，剩下的全都是明代人的仿作。

虽然张大千收藏的《潇湘图》被诸多鉴赏家题跋，但还是没能逃掉遭到质疑的命运。

现在的人也是越来越不迷信权威了，而且责任全赖在“这年头”身上：现在这年头，什么都能作假，假烟假酒不算，就王八是真的，还叫甲（假）鱼！

哎——哎——先醒醒您呐，那可是明朝人仿的，看准了时候再骂。

不管如何，是真是假，也总得拿出证据说话，想当年郭熙的画都让人当搌布擦了，那好歹也叫“君子坦荡荡”，是郭熙的真迹吧？好嘞，就是真迹才这样呢，不是真迹我们还不这样呢，皇上有令，凡是郭熙的画都得跟厕所墩布把上搭着。

而董源的画本是值钱的，如果却被当成仿品一样待遇，那着实比郭熙还冤呢。

不过，到底是冤还是不冤呢？

比如，鉴赏家有充分的理由怀疑《夏景山口待渡图》从北宋内府出来以后，元文宗“天历之宝”印和柯九思“与虞集”的题跋都不真，有很大作伪的嫌疑。

而我刚刚说过，有另一批学者还就认为这幅画真，那些都不真，反正……唉，没法说，让这两拨学者找一地儿好好聊聊去吧。

而至于说《潇湘图》，是张大千当时的得意收藏，这里面会不会也有问题？

在张大千本人质疑自己收藏的这幅画之前，他跟溥心畬（也就是恭亲王奕䜣的孙子）较过一回劲。

溥心畬说张大千大风堂那些东西不行，我拿两样东西就能盖过你屋里那一车字画。

一样是西晋陆机的《平复帖》，一样是唐代韩干的《夜照白图》。

确实，这两件宝贝的价值不知道怎么去估量，亦或者说根本就没法儿估量，无价之宝。

手里拿着这两件宝贝，别的一概没有，您也可以跻身于大收藏家之列。

既然说到这儿了，我想提出一个关于“收藏家”这个概念的观点。所谓大收藏家，您这个“大”字，体现在哪儿，有个误区，有人说收得宝贝越多越好，韩信带兵，多多益善，拥有多少多少件藏品了，这就算是大收藏家了。

不见得。

这跟数量没多大关系，关键是看这位收藏的东西都是什么。

比方说，成化斗彩鸡缸杯，存世量就是个位数，您有一个，行了，收藏家！谁也别跟您争了。

再比如，大宋汝窑，全世界 67 件，您要是有第 68 件，成了，大收藏家！谁也别跟您争。

反过来，我有一库房全是瓷器，够开好几家博物馆的了，够份儿了吧。等等，您先别忙着美，咱先瞅瞅您那一库房里“囤”的都是什么乱七八糟的玩意儿啊，扔潘家园十块钱仨！

不过话说回来了，您要说好东西光有这一件儿，也仿佛差着那么点儿意思似的。要是能搭配着再丰富一些，当然更好了，不过这还得看缘分。

这个缘分分两头，能遇见，能拥有，是一半儿的缘分，要是能维持住，这才是真缘分。

就像溥心畬，他说自己两件藏品如何如何，结果呢，他哪样儿也没留住啊，《平复帖》让张伯驹买走了，《夜照白图》让外国人买走了。

这还是没缘分呐。

自从张大千有了《潇湘图》，溥心畬不吭气儿了，人家真淘着够分量的东西了。

《潇湘图》流传有绪，曾著录于北宋内府。后流入董其昌、袁枢手中。

袁枢是董其昌之后一个收藏这幅画的人。

袁枢大家不熟悉，他的父亲袁可立比较著名，万历年的进士，后官至兵部尚书、太子少保，辅佐了万历、泰昌、天启和崇祯四朝。

袁枢收藏这幅画的期间因为明末清初的战争原因，画曾经一度险些被战火毁灭。

睢州高许之变，袁家诸多藏品均遭到了破坏。但是唯有这幅画安然无恙，它算是比较有运气的一例。

所以，后来朋友王铎为这幅画写跋时就说这事：袁君收藏如此至宝，葵丘城堕家失，有次数帧不宜郁宜快也。

家虽然烧了，没事，只要画没事，应该还是件值得高兴的事啊。

也算是不幸中的万幸吧。

这幅画大难不死，有没有后福不知道，反正后来被张大千收藏，后面的命运我们就很清楚了。

很多年以后，以谢稚柳为首的一批鉴定专家们终于承认，画确实有问题。

那时候国家文物局已经收集了很多同一个画家的不同作品，这样就给鉴定人员提供了一个便利，大家可以把这些画放在一起研究，起一个宏观审视的效果，就可以更为准确地把握这个画家的笔法和时代的特点。

通过比较董源的其他作品，和同时代的其他画家作品，我们发现张大千所提供的这些画的笔法根本不够五代，也不够宋，倒很有可能是宋代以后的摹本，只不过水平高超。

而在80年代，包括启功先生、徐邦达先生在内的鉴赏家们，还并不怀疑这些画卷的真伪，很大程度上在于他们相信了画卷中董其昌的题款。董其昌的权威性让这些国宝级的学者们懈怠，放松了警惕。

按理来说写题跋这种东西就具有一定程度的主观性，写字这人这杆笔怎么走，那就得看握笔那人的心思了。最典型的，我就记得在琉璃厂博古斋里有这么档子事儿，有个叫李佐贤的请博古斋学徒修复一幅古画，结果过几天修好了之后一看，根本看不出来修过，绝对完美，于是这位李大爷交了五十两银子成交，把这幅画拿回家来，写一个跋，在跋里明确把修复古画这事儿说成是自己花三天功夫在家干的，其实呢，是人家博古斋工匠干的，窃取人劳动果实。可是，后人可不知道到底谁修复的，也没亲眼见着，一看你题跋里这么写的，那可不就相信了吗。

我们知道，包括“软件文物”与“硬件文物”在内，它们的鉴定与辨伪是一门独立的科学，它必须建立在通过比较大量正确的实物的前提下，才能看出哪些是不对的，哪些是对的。

标准器是非常重要的，理论上来讲，标准器越多，我们的鉴定就越有把握。这种鉴定学被称作“标型学”。

古人由于信息的限制，他们不能像我们今天可以见到那么多集中的“标准器”，所以就算是大收藏家董其昌也好，安岐也好，乾隆皇帝也好，他们都没有我们今人这样健全的信息，所以一叶障目不见泰山的事情发生是再正常不过了。

所以，我们今天千万不要太过于在意那些古代名家的题跋，有时候这些文字会给我们传递很重要的历史信息，但同时，矛盾的反面亦存在，它们有时也会误导我们，把我们的鉴定引向一个南辕北辙的误区。

第五章

被启功先生『一棍子打死』的两幅古画

——《溪山行旅图》、《雪景寒林图》

宋代时极重文化与经济的，典型的知识分子王朝，所以他干不过周边的野蛮人是很正常的，“秀才遇见兵，有理讲不清”嘛，咱们就是“秀才”，人家是“兵”。

都是些“逐水草习射猎，忘君臣略婚宦”的主儿，你想咱们温文尔雅地跟这帮土匪邻居整天住一块那不倒霉等什么呢。

命运注定了宋朝的“文气”。这源于太祖皇帝的三条遗训。

首先，保全柴氏子孙。

第二，不杀士大夫。

第三，不加农田之赋。（上出自：王夫之《宋论》卷一《太祖三》）

尤其是中间这条，因为宋太祖重文轻武，对文人的尊重与放纵、高薪、优越的环境，这就造就了绝好的土壤供文人士大夫肆意生长。由此产生了那些很“雅”的东西，诗词啊，尤其是宋词，读唐诗如尝烈酒，读宋词如品名茗啊，说明宋词含蓄、典雅。而且咱们中国向来诗书画是一家，诗书发展了，这个画怎么能不发展呢？

于是，宋代的绘画，尤其是山水画，被推向了一个巅峰。

北宋中晚期，到徽宗以前的宫廷画坛中，一前一后，两位巨人，能在很大程度上代表当时的艺术主流。

头一位是范宽，后一位是郭熙。

范先生我举他的《溪山行旅图》和《雪景寒林图》为例。郭熙我举他的《早春图》为例。《早春图》咱们下一节说，本节先说范宽。

说到范宽，头一个问题你就绕不开，就是这哥们儿到底叫什么呀？

名字就是一大问题，人们都叫他范宽，可是学界有争议，你就得重新查考，很可能咱们这么些年来都叫错了。

那么说这个问题真那么重要吗？

它还就真那么重要。

他的名字的确定与否，直接关系到他那两幅名作《溪山行旅图》和《雪景寒林图》的真伪。

在这两幅画中，画家的题名都是以“范宽”二字出现的，一个写在树丛里了，位置极其隐蔽，你仔细找也找不着的那种隐蔽。另一个写的是“臣范宽制”，也用的是“范宽”二字。

那么，一旦被确定说这人名字不叫范宽，那这两幅画就完蛋了，就一下从天堂掉茅坑儿里去了。

可是，他怎么会不叫范宽呢，他不叫范宽叫什么呀？

范宽，名中正，字中立，华原人，性温厚，故，时人目之为范宽。(郭若虚《图画见闻志》)

根据字面意思，我们知道，大家都应该叫他范中立，他的本名是“中正”。

但是，本名是家长叫的，外人不能叫，外人一叫占便宜了。所以在古代你要想讨便宜，就叫人的名，但是人家会很不高兴，所以一般都称呼对方的字。

那“宽”怎么解释？宽者，温厚也。说这人性格好，宽宏大度，大家给他一个外号，这个外号是褒义的，叫“宽”。

历史上有很多人我们都是拿外号当名字叫的，也都叫习惯了，随便举几个，比如“太公望”、“包青天”、“刘罗锅”……

国学大师、书画鉴定家启功老先生，人家最后白内障，老眼昏花，一看《溪山行旅图》有署名“范宽”，老先生说你这不胡说八道吗，写范宽的就不对，外号别人叫行，自己哪有叫自己外号的，太不正经了。

另外，针对“臣范宽制”的提法，启先生有一个类比，我不妨引用一下。

启先生说，有一出包公戏，写包公见太后时称“臣包黑见驾”，这在戏里行，但在正式场合绝对不行。

这都是一些原来没落款的画，后人给它妄加上的。

那么说这些范宽署名的画是不是范宽本人的，因为有这个疑团就不能百分百确定，据说现在有一种技术，可以通过判断“范宽”题款的墨迹和画本身的墨迹时间来测算先后。

如果范宽的款识时间短于绘画本身，那么结果就显而易见了。

不过这幅画“够宋”是肯定的，至于说是不是范先生的亲笔，这玩意还真不好说，因为据说唐以前的画（包括唐代在内）传到今天的也都不是真迹了，全是后人仿的了，看来那么多古画也都有同样的问题。

溪山行旅图

《溪山行旅图》这幅画画得大气磅礴，“远望不离坐外”，一座高山，又宛如一块巨石，如若没有近景的衬托，就仿佛是鬼斧神工的一块石头，天生如此巍峨。

那么有人问了，范宽这是去哪郊游了，能发现这么美的景色？

我告诉各位，他哪都没去，一直跟家“宅”着呢。

你以为他这是写生啊？

错了，他这是“默写”。

中国古代的文学家和画家多有一个共同的特点，就是创造力丰富，凭空臆想美好事物的能力极强。

比如说，我们读范仲淹的《岳阳楼记》，他写：“衔远山，吞长江，浩浩汤汤，横无际涯；朝晖夕阴，气象万千，此则岳阳楼之大观也。前人之述备矣。”瞧人写的，有鼻子有眼儿的，就好像他真在洞庭湖上似的，扯！他自己挨家里编的，发挥想象，所以后面他说“前人之述备矣”，翻译就是：前人的记述已经很详尽了。言外之意就是：“我实在编不出来了，你们看‘唐贤今人诗赋’去吧，全刻岳阳楼上了，自个儿看去吧……”

明朝第一谋臣，号称“赛诸葛”的刘伯温[①]，当年人家参加全国高考，写作文，他写的是《龙虎台赋》：“猗欤，太行之山，呀云豁雾，于赫，龙虎之台，摩乾轧坤……”其实呢，他刘伯温在考场上呢，看什么龙虎台呀，全都是编的，所谓天下文章一大编，就是打这儿来的。

故，范宽也是这路子。

实际上，“行旅图”这个名字像公式，别的画家也画有各种行旅图。除了《溪山行旅图》以外，还有五代关仝和明朝戴进的《关山行旅图》（现藏台北故宫），清代任熊的《春山行旅图》（现藏北京故宫博物院）等等，就跟前面说的“韩熙载”题材一样，它叫“行旅图”题材。

---

① 刘基（1311年7月1日—1375年4月16日），字伯温。谥文成，汉族，温州文成县南田人（旧属青田县）。元末明初军事谋略家、政治家及诗人，通经史、晓天文、精兵法。他以辅佐朱元璋完成帝业、开创明朝并尽力保持国家的安定，人称“大明第一谋臣”，被后人比作诸葛亮。朱元璋多次称刘基为：“吾之子房也。”

•《溪山行旅图》

此画传入宋室，帝王十分喜爱，从印上，我们能看见宋代的“御书之宝”印。

宋徽宗颇为喜爱范宽的作品，他那笔法跟自己的画风很是相像，两者有共鸣。

宋元以前的画家笔风非常紧，多用白描的手法，再施以墨色罩染，线条像拿钢笔画的似的，不像后来明清的画风，毛笔的特点显露得更多了。

所以，宋代的国画还是很写实的，大写意那都是元以后的事儿了。

徽宗一朝，范宽山水御府所藏五十又八。

可见范宽当年也真没少画，徽宗就收藏了58幅，可惜我们现在见得着的可太少了。

这主要也是因为每一次朝代更迭都伴随着各种战争，两宋交接就是战争吧，徽钦二帝北俘，康王赵构南逃，中间儿没人了。

那群龙无首，皇帝都没了，金兵一来，宫中珍宝还不想拿多少拿多少，他们把东京汴梁祸祸一遍之后，宝贝又流到民间一大堆。

昔日的东京汴梁城现在还跟开封市地底下埋着呢，所谓“覆巢之下，安有完卵”，乐观地说，现在我们能看得到的宋代文物，能有原来的5%～10%就烧高香了。

北宋后期《溪山行旅图》流入民间，被文人钱勰所有，他刻了一方“忠孝之家”的印章盖在画上。

因为元代暂时无法查考，所以隔过元朝，这幅画又转入明朝宫廷，明“典礼纪察司”负责收藏该画，盖了一枚公章。

自明洪武开始，把字画收于内府就归纪察司管，也就是后来的司礼监，出大太监的那地方。

明后期传到王时敏时，他请友人董其昌写题跋。

董其昌这人当时交际极广，本人就是个大收藏家，另外收藏家朋友也有不少，谁家里得着幅名画，都请他给题个跋什么的，名家，名画，名人题跋，多美啊。

而且董其昌是著名的书法家，有他的书法在上面，画的价值就更得飙升了。

董其昌又是个艺术评论家，当他看到古人的画作时，他总得评论几句，拿到《溪山行旅图》了，他照例，得写几句“评语”在上面吧。

他的评语是：北宋范中立《溪山行旅图》，董其昌观。

意思是，范中立这幅画我看过了。

类似于咱们那句“XXX 到此一游”。

从画面上盖的印章来判断在董其昌之后的下一位收藏者，应该是明崇祯年间的一位进士，他叫周祚新。

周祚新，字又新，号墨奴，贵州人。崇祯十年，丁丑科（1637 年）进士，弘光（1644 年—1645 年）时官兵部司官。精鉴别，所藏多名迹。墨竹得文同、吴镇心印，遗迹颇珍贵。(《无声诗史·广阳杂记》)

清初，梁清标收得此画，这哥们儿是个大收藏家，平生最大的志向就是收尽天下名画，为此他还特意盖了一间“蕉林书屋”当库房使，收来的字画全都搁那摆着。

• 祚新之印

为了《溪山行旅图》，他特意钤印两方。

一枚写“观其大略”，一枚写“蕉林秘玩”。(梁清标号“蕉林”)

梁清标一辈子收藏了不知道多少好东西，但是有一个问题就是，谁都有百年之后的那一天，关键是你死了，你的藏品死不了啊，它们不还得接茬“找下家儿”去吗。

所以这些问题在藏主生前都得给安排妥当了，要不然最后抓瞎。

关于此点，我不知道这位“蕉林”先生是怎么琢磨的。

果不其然，梁清标一歪过去，他这些大批量的藏品四散而飞，不知所终，没有一个统一的归宿，十分可惜，故后人有诗叹曰：“百年故纸生叹息，蕉林书目已不存”。

不过还好，清朝利用国家的力量收回了一些流散的字画。

于是，《溪山行旅图》很幸运，进入皇宫被乾隆爷所收藏。

不过也有不幸的地方，因为乾隆爷不怎么爱惜这些画儿，动不动就往上面题词盖印，人家都单把题跋写在一张纸上，最后把它接在画上，乾隆不，直接往画上招呼。

该画共有22枚印章，其中乾隆盖了6个，快占到三分之一了，而且这六个里头有五个直接盖在画上了。

如果从印记的数量上来判断收藏者的话，乾隆爷这回又是“一超独霸”。

自从《溪山行旅图》进入皇宫以后，上面不仅有乾隆皇帝的印玺，还有后来嘉庆的，宣统的。

这说明这幅画一直在宫里所保存，一直到故宫珍宝由于怕战乱的洗劫而有一大部分被运往南京和台湾，而这幅画，则被运到了台湾。

关于这段历史，我想它太重要了，因为绝大多数在晚清官方收藏的文物字画都逃脱不了被南迁的命运。然而如果对这一个特殊的历史时期不加以详细记述的话，可能到最后读者也不明白文物南迁的来龙去脉是什么。我必须在后面的介绍中专门把这段历史给介绍进去，这一本书写不下了的话就放到下一本去，反正迟早我得讲一下。

在1961年的2月14日，这一年的这一天情况很特殊，因为公历是情人节，而农历是除夕。

这就挺麻烦了，按理说得陪家里人过春节了，晚上得看春晚，白天还得跟情人约会，这事儿，唉，咋整啊。

不论是陪家人过年，还是陪情人过情人节，气氛还都算是愉悦喜庆的，但是，这一天，在台湾的基隆港码头，有一批整装待发的人，正在严肃地进行着一项十分艰巨的任务。可以说，这时候谁要敢犯马虎——“立斩不赦”！

所以，他们尽管心里想着过节，但是脸上全无一点兴奋，因为一兴奋，就可能手底下出错。

他们的艰巨任务就是：将码头的二十三箱珍贵文物装上军舰，准备开赴美国进行一次大型的展览。

迁台文物在美国展览一事是美国方面要求的。

因为他们发现1948年日本在美国举办的一次艺术品展览太成功了。这一下，算是把他们对东方文化的这股热情全给激发出来了。

都知道在传统文化方面，日本是由我们中国发源出来的。既然日本都如此慷慨大方，中国就别客气了，是吧。你看人战败国，咱们战胜国哪能让人家给比下去呀。

"怎么样，也把你们的好东西拿出来跟大家'晒晒'，如何？"

美国这样对我们说。

当时中国大陆和台湾对美国的态度是截然相反的。

先说大陆方面的。

在50年代，中国大陆跟美国基本上处于对峙状态。美国对我们搞的是军事包围、经济封锁和政治遏制。

那时候我们只跟苏联老大哥玩，不带美国，我们社会主义意识形态在一块玩得好好的，你们帝国主义跟着瞎掺和什么呀？去去去一边去！麻利儿play go！玩去——

中美邦交正常化是在60年代末，那时中美双边才意识到，该改善改善了，不能老这么僵着。也正赶上我们与苏联的破裂。等于说从50年代到60年代，美国和苏联正好换了一个儿。

但是1961年的时候，中美的交情还没达到那么好，火药味依然很浓。所以当时对于蒋介石的"行政院"批准台湾赴美展览一事，大陆方面表示了强烈的反对，当时，我们的发言人说：这些珍贵的文化遗产，都是中国劳动人民数千年来劳动创造的文化财富。是我国六亿五千万人民的宝贵财产，蒋介石集团绝无权处理这批文物。同时警告蒋介石集团，要妥善保存现于台湾的历史文物，并准备将来归还祖国。

我们是这么警告他们的，但他们听不听咱们就没法管了。

台湾方面。"行政院政务委员"王世杰就如何实现美国人民和亚洲艺术研究者一个长久以来的心愿问题，正在非常积极地同美国各大著名博物馆进行洽谈。

他们是什么心愿呢？

就是想让台湾的文物到美国各地"溜达"一圈儿，用鲁迅的话说就是"发扬国光"。

最后，台湾方面还是认定，应该借着这个让外界了解自己的窗口，拿这些文物去美国展一展，至少也没有什么坏处。况且当时又取得了华盛顿国立美术馆、纽约大都会博物馆、波士顿美术馆、芝加哥艺术博物馆和旧金山德杨博物馆的大力支持，加上卢斯基金会的经济赞助，这么好的条件，为什么放弃这个文化领域的扩张的机会?

台湾成立了一个委员会，负责挑选一批最拿得出手的文物，拉一张清单，里面列了100多件书画作品，100多件瓷器、青铜和织锦。

《溪山行旅图》也非常光荣地作为书画部分的那“百分之一”而出现在这张清单上。

一年以后，展览非常成功，确实，台湾这次也是为我们整个中国做了一件好事。尽管中国大陆当时是那样的反对，但美国已经对于中国的文化有一个全新的更高的认识了。

赴美“漂流”一圈儿的国宝们又安全地回到了台湾。

《溪山行旅图》和它同出一“父”的兄弟《雪景寒林图》，一个在宝岛，一个在大陆，两两相望，神交久矣。

下一节，我讲范宽的《雪景寒林图》。

《雪景寒林图》

画中雪峰屏立，山势高耸，白雪皑皑。深谷寒林间，萧寺掩映；古木结林，板桥寒泉，流水无波，峰峦沟壑间云气万千。其山取盘桓向上高远之势，其水造平静冷凝之态，其树画深郁寒峭之意。从此图可以体味到，作者已不拘于刻形着物的风格，脱离真山真水，表达出一种写胸中块垒、传意中山水的倾向。

20世纪80年代初，启功、谢稚柳、徐邦达、杨仁恺等学者一起为故宫博物院收集来的文物进行鉴定。

启功先生后来讲，当他细心地查看《溪山行旅图》和《雪景寒林图》后，找到在树丛中、树叶间隐藏的“范宽”与“臣范宽制”的题款之后，他觉得这事儿假得有点不靠谱。

“万事都脱不开一个‘理’字儿，不合理，它怎么也真不了。”这是启

• **《雪景寒林图》**

北宋 范宽 原属圆明园收藏，现藏于天津市博物馆

国画里的雪景很难表现，就用黑白灰的色调，怎么能给人一种白雪皑皑的感觉，这同油画的色彩表现有很大不同。范宽的这幅画明显能让人感觉到冷，而且很安静。有一种“千山鸟飞绝，万径人踪灭”的感觉。但是，就这样一幅堪称国画雪景的示范作品，他的作者未知，是范宽的吗？学界有很大争论，目前，只能把这幅画搁在“失物招领”这一栏上了。

先生的原话。

本来嘛，如果《溪山行旅图》中的“范宽”是作伪的话，那么《雪景寒林图》大树干上的“臣范宽制”就更是作伪了。

就这样，启功先生一连两下，就给署名“范宽”的这两幅画判了死刑。

具体说到这些画的“死刑”判得冤不冤，有人说冤，有人说不冤。

我也没有启先生那么大的学问，所以他老人家的观点我没有理由驳斥，而持反对意见的专家学者们咱也惹不起，索性就在当中和稀泥，不置可否。

明末清初，梁清标收藏了此卷，并盖有“蕉林”的印章。

后，该画为安岐所得。

安岐，最早是朝鲜人，朝鲜原来是咱们的属国，年年进贡，岁岁称臣。

安岐便是随父亲到北京进贡的时候来到中国的。

他早年在康熙朝大臣明珠的家中做点小差事。后来利用平台的优越做贩盐的生意渐渐起家了。

这里面还有一个传闻。

说安岐有一回买到一个手抄本，打开之后里面是一个类似藏宝图的地址，但是文字都是暗号，得给破译出来才能找到财宝。

于是安岐就开始解读密码。

后来真给破译出来了，照着本上写的地方，他果然发现了金窖，有了钱，拿这个当本钱便在扬州和天津经营盐业，发了大财。

这故事一听，明显就是扯，不过他们家靠盐致富倒是真的。

那个时节关于盐铁的经营都是暴利，从汉武帝开始就实行“盐铁官营”，否则一般的商人做这些买卖万一哪个最后富可敌国了要造反怎么办？

这些产业以后收归国有，谁也别惦记着。

自己要做盐的生意就叫贩卖私盐，有罪名。

所以安岐他也是因为朝廷里有个明珠，他近水楼台先得月了，有点官商合一的意思。

很快，他们家是陡然而富。

因为有钱了，所以他转向了文物收藏。

这里我要说一个现象，也是一个道理。就是您看那些真正意义上的富人，他们炫耀什么？是炫耀财富多呢，还是炫耀文化多呢。

比如说，你说你有钱，开一辆奥迪；我说我家里藏书有10万册之多，外带几件“孤本”全天下您打着灯笼都没地儿淘换去，值老鼻子银子去了。我还盖了自己的藏书阁。

这俩哪个值钱啊？一辆“四个圈”我算你一百多万，我一本书按现在的标价每本25块钱，印10万册，25×100000＝2500000，二百五十万，古籍“孤本”价值更是不可估量，再算上我有藏书阁，这个多厉害，比你那牛多了。

您再是豪车也是贬值资产。

所以炫耀文化的力量是很高贵的，光有钱没用，你有钱没文化不就一土暴发户吗，你美什么呀美。

有人说看一个人心里最渴望得到什么，就看他炫耀着什么。

你炫耀财富说明你正渴望财富，表示您刚发家不久，您还是小字辈儿呐，粗浅得很，浅薄得很哩。

瞧我们，炫耀知识，我们渴望文化！比你境界高多了。

这就说明了为什么成功人士最终有很多转入古玩收藏了。

因为文玩是一个通往知识的渠道，它象征着我们的传统文化，我们精神的一个更高的层次。

中国人向来对于精神上的标准大大高于物质上的标准。中国古代是文人士大夫的社会，文人极重气节，遂我们有“松、竹、梅岁寒三友”之说，以“梅兰竹菊”四君子为楷模，处处标榜其内在的精神。

古人对于“雅”与“文化”的关切亦是超乎于西方人的。我们赋予了很多植物以人的品格。如古人对于“竹”的尊崇，“宁可食无肉，不可居无竹”，可见，没有竹，便失去了精神的依托。

在王冕的诗中我们可以体会“不要夸我颜色好，只留清气满乾坤”的那份低调和奉献，而这则是梅花的品格，也铸就了梅花典雅大方的高贵气质，为历代文人所赞誉。

这种传统思想观念被一定程度上保留到了今天。尽管社会被物欲所充斥，人们依然在心中对俗不可耐的事物表现出避讳。古人讲“人瘦尚可肥，人俗不可医”，真正的文人雅士精神上的洁癖导致了他们对“俗”的无比厌恶。

他们要发现谁“低俗”了，堵那人家门口，脏话一骂能骂一天。

就这么憎恨。

尽管有很多人刚一开始也是附庸风雅，但是随着他认识的不断提升，也会慢慢地，间接地体味出知识带给他的一些乐趣。

安岐他们家正在完成这样一个转型。

他们家后来收藏了大量的名贵古玩和字画，是当时为数不多的大收藏家族。

就绘画而言，展子虔的《游春图》、董源的《潇湘图》、黄公望的《富春山居图》等等名作都曾经在安岐名下拥有过。

如今，《雪景寒林图》亦没有逃过他的法眼，而被收入府中。

乾隆初年，由于天津盐场的外迁，新兴盐商取代了老盐商，安家也便随着安岐的去世而家道中落。

安岐的藏品大部分通过在朝的官员转入乾隆朝的内府，归在乾隆爷的名下。

这幅《雪景寒林图》一直被安放在圆明园中，一直到第二次鸦片战争爆发，英法联军打破了多年来的安宁。

自战争一来，就年年都有大事儿。

1856 年，英法发动第二次鸦片战争。

1857 年，英法联军攻陷广州，在珠江口集结，整装待发。

1858 年，英法联军在美、俄两国的推动下，大举进攻大沽。《天津条约》签订。

1859 年，僧格林沁反击英法联军于大沽口外，英法受到重创，惨败，必须回撤。

1860 年，英法联军愤怒，报复性反攻，一路攻占京津，打到皇宫。

《北京条约》的签订并不意味着结束，英法还要焚毁“三山五园”。

我们常说“火烧圆明园”其实还把问题给说简单了。

要是单单烧了圆明园，大火不会三天三夜不熄的，没有那么多可燃物。

当时的情况是这样，一旦圆明园着火了，周边的建筑物全都得“吃挂捞”(受牵连)，一个也别想跑。

圆明园周围还分布着静宜园、静明园、清漪园、畅春园等等，中间被香山、玉泉山、万寿山分隔，山上有什么？不全都是树木吗，大量植被，这都是可燃物啊，只要其中一棵树着火了，马上就是“万里江山一片红”。

烧的那几天，天上都是红的，都分不出白天晚上来。

当然了，英法在烧园子之前还进行了地毯式的洗劫，凡是觉得好的东西都拿走，小的直接揣怀里，大的搬不动怎么办，不要了？不要哪行啊，举起枪来，一枪把东西崩成碎片，把碎片拣拣放包里，照样带走。

英法联军虽然带走了大量古董，但是他们自己不知道这些到底是什么东西，价值几何就更不知道。

有些士兵在铺子里喝酒，喝完酒掌柜的得要钱啊，尽管是蓝眼睛、高鼻梁儿的，但来的都是客，全凭嘴一张，店老板也不管你国籍，喝完酒照样得管人要酒钱呀。

他们身上没有中国当时流通的货币，就扔一包袱，说拿包袱里面的东西换酒钱。

掌柜的打开一看，里边儿：南宋哥窑穿带瓶。

外国人走了，掌柜的白捡一“大漏儿”。

原因就是外国人不懂这个。

当时有一个英国兵，这哥们儿特逗，他看上这幅《雪景寒林图》了，但是也看不懂，于是私自揣了起来，上北京民间的古玩市场卖去了。

有一天，当时的工部右侍郎、总办路矿大臣张翼在古玩市场上逛，他也是个收藏家呀，他一眼就看见那儿有一个英国兵，人群当中那英国兵是最显眼的。

你想啊，咱们北京民间老百姓都穿的灰布的小褂，或者是长衫什么的，颜色都特素，就那儿一个人穿一身鲜红鲜红的军装，下面配雪白的裤子，头和脚都是黑帽子黑皮靴，强对比啊！

万头攒动就他扎眼。

张翼好奇啊，心说洋鬼子胆子真大，竟敢单枪匹马在北京民间出现？不知道老百姓见着洋人以后会是什么反应吗？上去看看，看你跑这地方干吗来了。

张翼看见这个英国兵拿着这幅画跟一个字画店的老板连说带比划，嘴里头叽里呱啦的也听不懂，但是意思大致是说卖这幅画多少钱。

张翼一看他手里的画儿，心里头“咯噔”一下。

别看他对外国人不待见，但是对他手里的东西可待见。这是范宽的《雪景寒林图》啊，稀世珍宝，不可多得。于是就抢在古董店老板之前把这幅画买回来了。

此处我捎带着提两句，关于收藏的又一个很重要的道理。

两个字，就是随缘。

有很多东西我们都想得到，而且我们也有这个能力得到。可是无奈在于对方并不在我们面前出现。

而且就算是有朝一日出现了，这个缘分一旦来了，我们能不能认出它来呢？

这就是又一个摆在我们眼前的问题，我们能不能反应过来这就是我要找的东西。

就拿张翼这件事说，他只有认出来这是《雪景寒林图》，才会买来这件宝贝，否则他那天的收获顶多就是大街上见着一洋鬼子逛古玩摊儿罢了。

所以，认识，好，抓住机会，事儿就成了。不认识，就算把大宋汝窑挂你眼珠子上，你也不以为然，反还得骂一句，这什么玩意儿绿不拉叽的，跟我中午吃的醋溜白菜一个色儿。

在家庭的熏陶之下，张翼的儿子张叔诚同父亲一样，喜爱金石字画。

后来爸爸死了，家产父死子继，这幅画也就传给了儿子张叔诚。

临死前父亲有遗训，说这幅画将来万万不可轻易示人，自己秘藏就得了。

恐是怕招惹是非，怕由此得祸。

张叔诚也是谨遵父命。

其实要算起来，这位张大少爷跟周总理还是南开的校友呢，俩人是同学。但是后来两个人走了大不相同的道路，一个干革命，往前看；一个搞古玩，向后瞧。

张叔诚投身于古玩一行，又跟朋友在琉璃厂合办了一间门面，至此都是低调做人，诚信做生意。抗战那几年更是不敢张扬了，一直到新中国成立以后，张叔诚还是一如既往地搞他的文玩事业。

1981 年，1986 年，1987 年，张叔诚先生为了支持我国方兴未艾的文博事业，分三次捐赠了很多自己收藏的书画作品和其他文物，共计 481 件。其中有很多都是之前秘不示人的，这次公开亮相，《雪景寒林图》是其中之一。

据说这幅画老爷子以前就算是朋友来了想看看都有一定难度，这次为了国家他也拿出来捐了。

国家的很多文物大抵都是这么来的，被大收藏家最后无偿捐赠。

他们为什么最后都采取一个相似的行为，为什么不留给后代或者通过别的途径，干吗都捐呢？他们不都是因为喜欢这些当初才收藏的吗。

这确实是个问题，但是仿佛又不成为一个问题。

如果收藏家们认为自己的后代未必能够保存好这些文物的时候，最好趁自己还有意识，赶紧把这些东西转移到一个可靠的地方去。这样即使最后自己生命终结，这些藏品不会因为后代的种种原因而致被变卖或者别的。

正是因为自己的喜爱，当初才收藏，也正是因为喜爱，最后才捐赠。

就是这个简单的道理。

第六章

当国宝沦为抹布

——《早春图》

• **《早春图》**

北宋 郭熙 绢本设色 纵 158.3 厘米，横 108.1 厘米 现藏于台北故宫博物院

现台北故宫镇馆之宝中，有一幅画叫《早春图》，是宋代画家郭熙画的。

1996年，台北故宫准备在美国举办一场展览，其中要调出范宽的《溪山行旅图》、郭熙的《早春图》、李唐的《万壑松风图》，当然还有很多别的展品，但是台湾人不干，说什么也不允许这些画出岛。

可是故宫的人已经把展览过程都安排好了，你说好么秧的不让往外展，这正是给世界展现我们中华文化博大精深的好时机呀，就是好东西才拿出去呢。

不行，群众不听那一套，任你说出大天来，这些画不允许运出岛去。

结果没办法，本来预计展出27件展品，后来凡是好玩意都不让往外拿，有23件都不让带出去，结果就拿出去4件。

你这叫什么事儿啊。

这个事件说明了我们同胞对于这些传世名画的一种爱惜，就像爱惜自己家的东西一样，可喜呀。

郭熙是宋代一位比较特殊的画家，新派山水的代表。

他的作品很多，因为他画龄长，年过八旬仍笔耕不辍，但是称得上是代表作的却不到十幅。

现存世主要是《早春图》、《关山春雪图》、《窠石平远图》和《幽谷图》四幅代表作。

其中尤以《早春图》为精妙。

《早春图》是郭熙四季组画中的春季篇，另外还有《江村清夏图》、《秋晚残霞图》、《峨嵋雪霁图》三幅，春、夏、秋、冬就齐了。

还有一点值得一说就是郭熙的作品经历了几次大起大落，要么被奉若神明，要么一板砖直接拍死。

在郭熙辉煌的时候，他的画悬挂在皇宫的各个地方，在郭熙最惨的时候，他的画最好上垃圾堆里去翻。

这天壤之别，何故？操纵郭熙作品价值上下浮动的那根指挥棒，到底是握在了哪位高人手上？

后面我就会来解释这个问题。

跟范宽比起来，这两个人的绘画风格大不一样。

跟范宽不一样，也就和当时的宋代院体画风大不一样。

宋院画派，就是在一个特定的时期里，被皇帝一个人的审美情趣左右的绘画风格。因为宋代朝廷有翰林图画院，里面的画家都是宫廷画师。

你宫廷画师画画不照着皇上的意思那还行啊？至少你画的构图得给皇上看一眼吧，皇上说你这儿得改，你就得改。怎么改，不告诉你，你自己估摸去吧。

比方说，哲宗皇帝说“雨过天青云破处，此般颜色做将来”，就照这个色烧出汝窑来。工匠们就得猜这云破处是个什么色呀？云破处是一个地方啊，怎么是一个颜色呢？你也不敢问，再问给皇上问急了怎么办？

不过宋院画派的风格会随着皇上的换届而改变。

上一届领导班子有他们的喜好，这一拨新人又改了，所以院体画的画风也不是绝对的。

郭熙生在好时候了，他出道的时候赶上神宗在位，神宗还就喜欢郭熙的风格，两个人是一拍即合。

郭熙是什么风格呀，他画东西都曲里拐弯的，不会走直线。

您看范宽画的悬崖绝壁，就跟刀砍斧剁一般笔直，郭熙不会，山都画得跟十八街大麻花似的。

他画树也总带有点“枯藤老树昏鸦”的意味。树木枝丫形状比较诡异，因其形多如“蟹爪”下垂，俯身虬曲，故得名“蟹爪枝”。

哎，宋神宗就稀罕这种感觉（此处音：jiǎo）。

在宋神宗熙宁年间，郭熙担任翰林待诏直长。

翰林待诏，跟翰林学士不一样，待诏的意思就是“等着叫”，等皇上叫。

皇上叫你，写个诗词，画个画，陪皇上业余时间消遣一下，给皇上哄高兴了您就玩去。看李白了吗，李白在唐玄宗身边就当的是待诏。唐玄宗跟杨贵妃玩得正欢呢，李白负责在边上记录，皇上命他作《清平调》辞三章，写诗助兴，记录下全部过程。

解释了“待诏”，再解释“直长”，直长是二把手，“奉御”是一把手。

在供奉机构中，“直长”和“奉御”是领导，小领导，品级不高，就管着画院这帮人。

由于他的画风神宗非常赏识，宫殿里凡是皇帝觉得可以挂画装饰一下的地方，就用郭熙的作品。“两省（尚书省、中书门下省）及后省枢密学士院皆郭熙一手画。”（《石林燕语》卷四）

当时在宋宫廷画坛中就形成了一种氛围，就是郭氏风格的画派成为了当时的主流。

大家都以能把画画成郭老师那样为荣。

后来，哲宗继位，这位哲宗皇帝跟他爸正好反着，他这人好古。用现在的话讲就是太传统。

不是说他在任何方面都传统，他变法上就比较积极。主要还是指艺术鉴赏方面，更倾向于古典主义那种风格。

由于这人审美观太传统了，所以对于郭熙这种带有创新的前卫画风看不惯。画的什么玩意儿啊！山都七扭八歪的，树也都张牙舞爪的跟要吃人似的，太恐怖了，这哪儿是“早春”呀，瞅着像世界末日了！撤走撤走，赶紧撤走，别让我看见它，还挂的哪哪都是，不明白我爹当年怎么想的，他怎么喜欢这个呀。

于是，郭熙的作品一下就从天堂掉茅坑儿里了。

现在，大家都以把画儿画成郭熙那样为忌。

头些年，两个宫廷画家互相聊天，你说我画的风格像郭熙，我特得意：“不不，您过奖，您画的才更得郭熙的神韵呢。”

光荣。

如今，你要说我画的像郭熙，我弄不好就得窜秧子：“孙Z！你骂谁呢，你画的才像他呐！”

悲哀啊。

郭熙在哲宗朝就是反面教材的典型。

有一天，一个叫邓雍的官员视察机关食堂的卫生工作，清洁工收拾残羹剩饭。

邓雍见桌上有一块抹布，走近一看，是郭熙的画！

那时的画多为绢本，所以给当抹布使了。邓雍当时快气晕了。

第二天他就找皇上去了。

他跟皇上说，郭熙的那些画儿您要是不要的话就赐给臣下吧。

皇上想那些破玩意儿反正也没什么用，你都拿走吧。

这样邓雍就能保证那些还没被糟践的画以后可以安全了，要不然，不定哪天宫里头扫厕所的找不着墩布了，再拿一张他的画给撕成条，绑一根棍上就擦地去了。

宋哲宗活得不长，元符三年（1100年），哲宗病危，眼看要不行了。

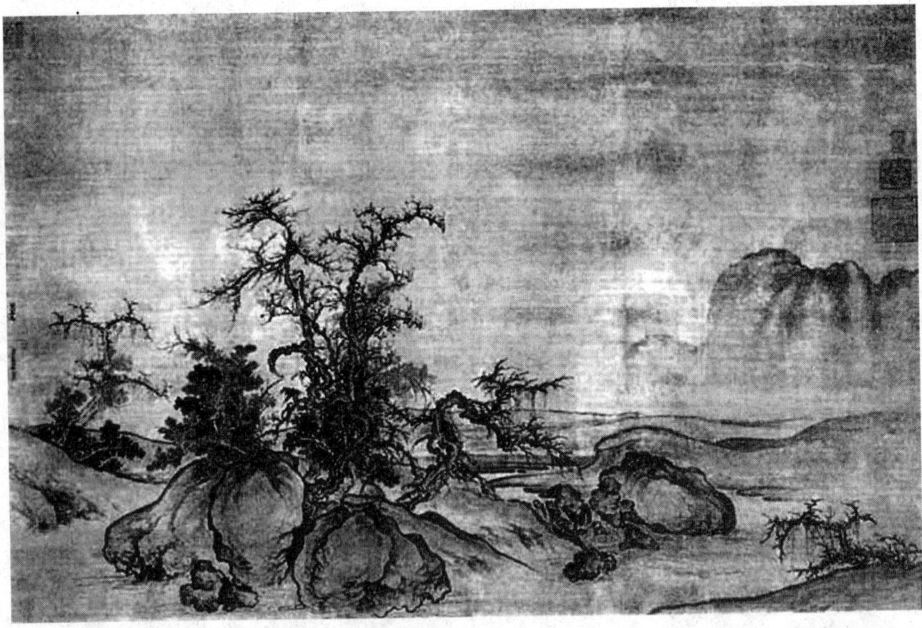

• **《窠石平远图》**

郭熙的另一幅作品，他的个人风格太强烈了，怨不得能站在宫廷画派的风口浪尖上。所谓“木秀于林风必摧之，人高于众众必非之”。

25岁呀，膝下无儿，有绝嗣的危险，皇帝无人继任。

这事儿就不好办了，可在当时，25岁大小伙子怎么能膝下无儿啊，20多岁青春期躁动，而且还是皇帝，条件多便利呀。

历史表明，儿子倒不是没有，就是没一个能存活下来。

哲宗生前与孟皇后生了赵茂，但是三个月以后小家伙死了，刚过百天儿，大伙正高兴呢，还以为百天关一过以后就可以茁壮成长了呢。结果合着是老天爷跟我们闹着玩呢。

哲宗也生过几个女孩，但是没听说过女孩承继大统的，这事儿就得男的来。

哲宗死后无子，幸亏神宗当年生的多，富余出来了，也就得从哲宗的兄弟辈儿里找一个，最终由向太后裁定，十一子端王赵佶继皇帝位，也就是大名鼎鼎的宋徽宗。

徽宗继位之后，对艺术品的宽容超过了他哥。

就算是我不喜欢你的风格，但是我尊重你，至少我不拿你的画擦桌子，而且那玩意儿也擦不干净啊，一擦一桌子墨，还得拿干净布重新擦，犯不上。

宋徽宗收集了不少名人书画，这里也包括从民间收集的，但是这里面有没有《早春图》呢？

应该是没有，《宣和画谱》里也没记载。

那好，问题出来了，为什么没记载？是当抹布或者墩布给毁了，还是怎么着了？哲宗年间郭熙的画大多是这命运，《早春图》也未必能幸免。

有人说，当时那幅画很可能被毁掉了，现在看到的画是后人的摹本。

如果是摹本，那原作呢？

原作无非是两种结局。一种，就是被毁了，擦桌子了，擦地了；还有一种，就是这幅画完好地流传。

后一种情况，也有两种可能。

一种就是在宫中存放，并且幸免于难；一种就是被当时的文人士大夫所收藏，躲过了郭熙作品的“浩劫时代”。

说到《早春图》能够留存到今天，倒不是说这幅画比郭熙的其他画有什么特别之处，不是因为他这幅画画得好而没有惨遭厄运，只是因为郭熙的画有很多，你不可能想象他每幅画全被糟践了，那就太悲剧了。

总有那么几幅幸存的，《早春图》就是其中的一幅，也许有更多比《早春图》价值更高的作品已经在哲宗年间被扔垃圾桶了，我们早看不见了。

另外一点，从这幅画上的后世题跋与印记来看，传承得非常明朗，很多名人都在画上留有“足迹”，如果是摹本，也是一幅传世佳作的摹本，同样具有收藏价值。

画上边那个巨大个儿的方印，那就是乾隆爷的“御书之宝”印。

乾隆收藏过，说明这幅画当时肯定在紫禁城里头，那么原在北京紫禁城，后来跑到台湾去了，那就一定是日军南下，北京文物南迁时候一块运过去的。

这种文物大迁徙实在是出于一种无奈，日本鬼子烧杀抢掠，“皇军”可不懂什么文物不文物，画一扯就烂了，瓷器一磕就碎。

你想英法联军、八国联军，人家在欧洲也算绅士吧，哪个不比小日本文明啊，人家照样火烧圆明园。

所以出于对文物的保护，我们不得不把这些东西归置归置带走，就是紫禁城搬不动，要不然也一块搬走了，因为紫禁城也是文物啊，只不过它大点，沉点。

那些南移的文物开始是集中运往南京，后来一看不行，小日本进攻势头挺冲，一直奔南就下来了，看来南京也不安全了，再往西南，往川贵一带运，于是就又一拨一拨地运过去了。

等抗日战争打完了，再逐渐给运回来，其中有很多精品中的精品都在台北，是随着国民党败退带过去的。

说句北京人不大爱听的话，论故宫博物院的质量，咱们真比不上台北的。

好东西都在他那儿呢，人家当初挑的是精品中的精品呀，咱们能跟人家比么，是不是？

第七章

宿命与悲剧

——《听琴图》

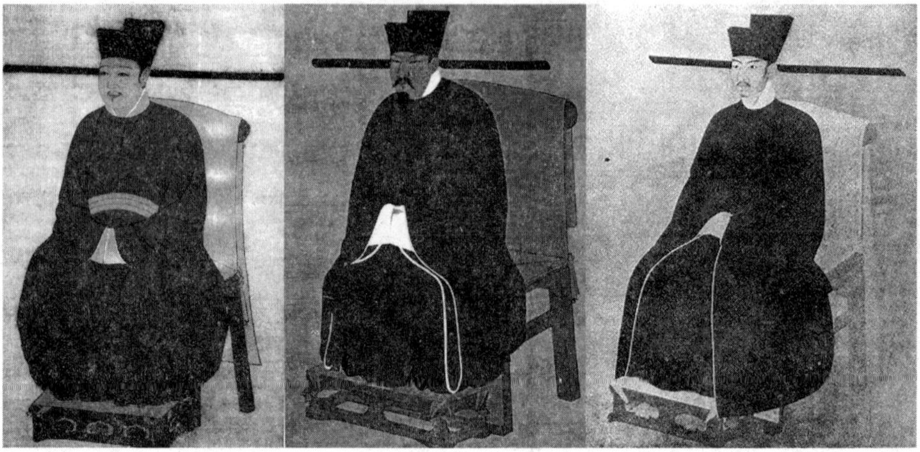

• **宋徽宗，宋神宗，宋哲宗。**

并排往那儿一坐，那坐姿，那派头，那神态……谁要说瞅着不像一家子，那眼睛要不要都不吃劲了。

金熙宗皇统二年（1142年），高宗绍兴十二年。

被金人掳走多年的徽宗终于被送了回来，只不过，有点小瑕疵。送回来的不是活人，倒是一死鬼，人都死好几年啦。

南宋将徽宗遗体葬丁永佑陵。

永佑啊，愿全能公义之天父永远佑护这个值得怜悯的灵魂吧，阿门！

是的，徽宗皇帝的确值得人们同情，值得人们怜悯。

他就如同当年的南唐后主李煜一样，因为对艺术的过度痴迷而误了国。

亡国后，宋朝是如何对待李煜的，金朝便如何对待徽宗。

有宋一代都讲究“士可杀不可辱”，更何况皇帝呢。

宋徽宗终究是受不住这非人的凌辱与自尊心的被践踏，最终一赌气：爷我不活着啦！怎么着吧！

便把最后一口气咽了，留下了同在金国当做囚徒的儿子钦宗皇帝。

历史的相似

徽宗和后主李煜有很多共同之处，相似得似乎有点邪乎。

后来有人按照因果循环的道理解释这个事儿，就说宋徽宗其实就是李煜的转世，他为了报复宋朝，才变成这么个皇帝，把宋朝搞亡。

可要真是这样儿的话那我们得佩服李煜，太了不起了，上辈子让人家赵匡胤给恶心成那样，这辈子仿佛还没过瘾，又主动让人家金太宗再恶心自己一回，也太不拿自己个儿当事儿了吧。

在继位方面，赵李二人非常相似，他们都不是被指定的继承人。

李煜有哥哥，叫李弘冀，但是这李弘冀后来死了。

他大哥意外的死亡让李煜顶上太子的位置了。

徽宗的继位也是因为大哥哲宗的早亡。

哲宗也没来得及留下什么子嗣，所以承继大统就得从先王神宗的儿子里面选一个。

当时向太后还召开了一个投票选举的会议，众卿家咱们大伙商量商量看看谁继位最好啊。就挨着神宗的这几个儿子的顺序一个一个往下顺。

结果发现每一个皇子都有点毛病，不是太后不同意，就是大臣不同意。

选来选去，就选到老十一这儿来了，老十一就是端王赵佶。

太后问端王怎么样？

宰相张惇跳出来反对说："端王轻佻，不可以君天下！"

枢密使曾布又跳出来反对张惇，说："你怎么说话呢这是，太不礼貌了，怎么能够说人家端王轻佻呢，端王多好啊，知书达理，通晓音律，琴棋书画样样精通，这种全才的人你打着灯笼都没地儿找去！”

向太后赞成曾布的意见，她做“结案陈词”：“先帝在位的时候，就经常说端王好，就像曾大人所形容的那样，此人有福相啊，一定能带着大宋帝国往前再迈一步的，我决定了，就立端王！”

是啊，确实能带着大宋再迈一步，但是您得看这一步迈到哪儿去了。您这头一条腿就要往粪坑里踩，倒还不如原地站着不动呢。

在宋徽宗即位之初，他心气儿可高了，但是时间一长，他就坚持不下来了。

其实好多皇帝都这样，刚刚继位，心比天高，自己就跟自己说我要让国家怎么怎么着，让老百姓怎么怎么着，干了几年，算了，交给大臣干吧，当领导的抓抓关键问题就得了。

结果大臣不给你好好干。

大臣的心理：我一整天忙里忙外累得臭死，干到吐了血天下不还是你们家的吗，我不还是该挣多少挣多少。你要说我拼死拼活地给你打工，有朝一日这天下能变成我的了，我就真卖力气。否则还不如贪污去得了，这样自己还能多落点好儿。

这样国家的漏洞就一天比一天大了。

皇帝还得把他的专业拾起来啊，什么专业？玩儿啊！

徽宗皇帝赵佶可了不得，他是“吃喝玩乐大学花鸟鱼虫系”的本科生！专业水平高极了。

画个画儿啊，写个字儿啊，抚个琴啊，蹴个鞠啊，逛个窑子伍的。

无一不精。

说到这逛妓院，徽宗一点也不含糊。

他跟别人不一样，一般的人上这个风化场所消费去也就是满足一下自己，解脱工作压力而已，徽宗皇帝还能逛出一桩一件的风流韵事来。

• 蹴鞠图①

生活——皇帝艺术的“灵感”

高俅，我们大伙都知道，高太尉。他平时见徽宗皇帝生活得太单调了，没点乐子怎么能提高生活质量呢，于是就跟皇帝说：“您看您整天搞字画这些高雅的东西，脑子多累呀，您这大晚上的不得找个地方放松放松去?”

徽宗道：“大晚么晌儿的上哪放松去呀？后宫佳丽一个个我看都一模样，朕早就腻了，生活不就这点乐趣了么。”

高俅道：“嗨，后宫那些娘娘哪儿行啊，一个个中规中矩的，哪能有什么激情可言啊，您是个大刀阔斧的人嘛，有道是‘家花不如野花香’啊。”

一听这话，徽宗坐直了：“嗯？你什么意思?”

高俅：“陛下，臣下闻听在这东京汴梁，舞榭歌台，酒肆花坊之深处，有一名绝色美女，李姓，芳名师师二字，色艺双绝，勾人魂魄，从艺术欣

---

① 蹴鞠即是我国原始的足球，与其说为一种体育运动，它更偏重游戏，最早形成于战国时期。《史记·苏秦列传》：“临苗甚富而实，其民无不吹竿、鼓瑟、蹋鞠者。”其中，“蹋鞠”便为蹴鞠，古文中，“蹋”同“蹑”，在《说文》中：“蹴者，蹑也。”故蹴鞠亦可称蹋鞠、蹴圆。宋代以后，女子缠足之风盛行，蹴鞠的人群渐渐由全民转为男性，明太祖朱元璋全面禁止军队中搞这种活动，所以蹴鞠的范围又缩小至民间，到了清代，这种运动渐渐衰落了下去。

赏的角度来说，非常具有审美价值，从人体美学来说……”

“得、得、得啦！别白话啦，不行不行！朕当我尊为九五，又是一代书画皇帝，素来高雅，怎么能搞这种苟且之事呢!?更何况，那些是烟花柳巷，都是‘庸俗，低俗，媚俗’的地方……嗯……远吗?”

“哎哟喂，瞧您说的，不远不远！一会就到!”

“嗯，好吧，那我们就一定要带着批判的眼光去、去欣赏！我倒要领教领教在我大宋朗朗乾坤之下，这些社会的阴暗面！高大人，走！头前带路!”

赵佶正义凛然地朝着妓院的方向挺进。

李师师，汴京城染坊老板王寅之女，母亲早亡，单亲抚养。后又因父亲犯罪入狱，师师由此无依无靠，才从了青楼李媪，挂牌接客，遂成名妓。

由于李师师学习刻苦，加上姿色超群，故成为了妓院的头牌，很多名人都慕名而来，就为一睹芳容。

据说梁山老大宋江都忍不住冒着生命危险进京看看李师师，宋江都来了，可见这位李师师的名气，实至名归，既然人家有名气，一定是有这个实力。

今日，徽宗被高俅领着来了。

老鸨子[①]大老远看见高大人来了，常客呀，远接高迎就跟一阵风儿似的飘过来了：“哟——高太尉！这是哪阵香风给您吹送过来了？您可有日子没来我们这儿啦!”

老鸨子的口头语，也是业务需要，甭管您是头一回还是见天儿来，她都得说“有日子没来啦”。大伙也都明白，就不在乎了，真有那个愣头青的主儿，一听这话脸一红：“我头一回来!”还有的说：“我昨儿天亮刚回

① 鸨是一种被人视为不善、喜淫的鸟。因为鸨鸟雌雄非常接近，难以分辨，所以民间传说鸨鸟只有雌性，可以与任何一种鸟类进行交配，并且，还可以与同性的鸨鸟交配出新的鸨鸟来。

关于“鸨”字的由来，传说鸨鸟成群生活在一起，每七十只鸟为一组，由于鸨鸟其性最淫，所以这七十只鸟便胡乱交配，形成了“鸨”字左边的“七十”。

民间通常把反哺的鸟称为“孝鸟”，把食母的鸟称为“枭鸟”，把喜好淫乱的鸟称为“鸨鸟”。而原先那些经营风化场所的女性负责人亦被称作“老鸨”。

去的，忘啦?!”老鸨子会说：“想您呀，这不是一日不见如隔三秋嘛!”

反正她总有的说。

今天高俅一指后面，那意思是今天所有的服务，都旨在让这位大爷高兴。

老鸨子明白，赶紧把赵佶让进来，拿出花名册，高俅一摆手，就要李师师!

这时候不凑巧，李师师正陪客儿呢。

这位客可不一般，谁呀?

婉约派大词人周邦彦。

嗨，见怪不怪，这文人雅士也得来这地方，大词人怎么了，这是下基层体验生活来了，要不然灵感从哪来啊。典型的例子就是柳永。

为什么人家写的词脍炙人口，凡有井水处皆能歌柳词，这与柳永先生终日在妓院里的进修深造是分不开的。

周邦彦正跟李师师亲密着呢，话说这两个人倒是有些感情在里面，不是单纯的声色犬马。

但如今听说高俅大人来点李师师，她跟谁在一起都得停，赶紧收拾收拾准备伺候太尉大人。

周邦彦，文人嘛，刚才是与李师师一起研究魏晋诗赋来着，听说高大人来了，不“研究”了，这不守着床呢吗，往床底下一钻，屋里就剩李师师了。

宋徽宗见到李师师，俩眼睛都掉地上了。

太漂亮了！惊为天人。

高俅好不得意，俯身对徽宗说：“陛下，您看……”

徽宗斜眼瞅了一眼高俅：“出去，你该干吗干吗去!”

得嘞！高俅一关门出来了，俩人在里面爱咋地咋地吧!

徽宗与师师四目相对，浅聊了几句，便一起相扶着共入罗帏……

(此处删去三千五百字)

当晚，人宋朝赵佶皇帝在妓院亲切会见了李师师，双方进行了友好的会谈，李师师提议以后要常来，互相多开展一些这样有意义的活动，皇帝欣然接受。

这一消息也不知怎么就不胫而走，过不了多少日子大臣全知道了，但是心里知道不说罢了。

你想啊，皇上上早朝老提不起精神来，你说他昨晚上干吗去了呢？

而且这事儿有八成都是周邦彦给捅出去的，这家伙可得争风吃醋了，那天他就在床底下来着。

周邦彦，字美成，号清真居士。与李师师相好时年已过六十。

那一日，周邦彦用《少年游》一词记录下了当晚宋徽宗与李师师会面的大致情景，《贵耳录》记载："道君（赵佶）幸李师师家，偶周邦彦先在焉，知道君至，遂匿床下。道君自携新橙一颗，云江南初进来。遂与师师谑语，邦彦悉闻之，隐括成《少年游》。"

全文如下：

原文：并刀如水，吴盐胜雪，纤纤破新橙。锦幄初温，兽烟不断，相对坐调笙。

低声问：向谁行宿？城上已三更。马滑霜浓，不如休去，是至少人行。

译文：美女伸出纤纤玉手，手握小刀，为赵佶剥着新进来的橙子。罗帷帐幕使屋中的温馨气氛浓郁，兽头香炉徐徐腾起香烟，两人相对而望，调弄笙管，许是准备吹奏一曲，以助雅兴。李师师问道：今天您要去哪个妃子那里过夜呢？三更天了，您若是要走，就先走吧（周邦彦还在床底下忍着呢），您若是想留，那今晚就别走了（咱们俩好好尽兴，把周邦彦豁出去了，反正他也不敢出来）。更何况外面很冷了，地上又有霜，若是万一马蹄打滑，恐有闪失，再加上现在大街上一个人也没有，您回去我不放心啊，不如就住这儿吧。

结果徽宗应允，周邦彦在床底下趴了一夜。

时间一长，赵佶不仅是个"书画皇帝"，也成了"风流皇帝"了。这就快赶上乾隆爷了。

这一点，在无形中，就使宋徽宗对生活充满了情趣，越能体会出生活情趣的人，就越是好的艺术家，这一点是不容否认的。

推动徽宗皇帝艺术方面情操的除了在风化场所的纸醉金迷以外，还有崇尚道教的飘逸之风。

我们知道中国画的传统审美在乎“意境”，或者“画意”。这些东西有时候就要从宗教中寻找灵感了。妓院就不管用了，妓院里都是实打实的。

当年宋徽宗怕自己是不孕不育，给他急得什么似的。

后来就有道士给出一主意，说您的皇宫中，如果按照八卦的方向为标准的话，那么“艮”的方向太低了，需要修筑一些什么东西给充实一下，这样一来您就后代无忧了。

徽宗相信了，“艮”的方向在哪啊？东北方。

按照宋徽宗的性格，他能修什么东西呀，修个勤政殿？不可能，那是清朝皇帝干的事，宋徽宗修的话一定就是“欢乐谷”。

他把假山、花石，各种珍奇的植物全都从各地搬运过来，营造一个恍若仙境的人工花园。

古巴比伦的“空中花园”知道吧，他这个差不多了。

里面还有各种各样的野生动物，为了制造一个纯自然的气氛。

因为是在“艮”的方向，所以徽宗管这个巧夺天工的花园叫做“艮岳”。

自从艮岳落成，徽宗开始子孙繁茂，“噼里啪啦”生小孩，跟鲤鱼甩籽一样，陆陆续续生了好几十口子。

宋徽宗高兴啊，就问那个道士：“您这个太灵了，竟然治好了朕的不孕症。朕要为您扬名。并且，朕从此也皈依道教，愿意和众道士一起研习道法。”

宋徽宗自称为“教主道君皇帝”，并且号召满朝文物上朝皆穿道服。

凡是道士说的话，他就言听计从。

道士说，您这生日不好，五月五号不吉利，得改，改成十月十号就吉利了。

宋徽宗当即同意，改！连身份证、户口本一块改。

道士还说了，您属狗，以后如果有谁杀了狗，那就如同弑君。所以您的命运跟狗的命运从此是息息相关了。

宋徽宗当即同意，颁布诏书，昭告天下："朕从此与狗结为一体，与狗共存亡，今后举国禁止杀狗、打狗，打狗就是打朕，骂狗就是骂朕。违令者按谋朝篡位论处，钦此！"

什么玩意儿啊。

花开两朵各表一枝，咱们回过头来说说"艮岳"。

这"艮岳"当中的很多动物为宋徽宗的写生提供了便利。

他如果想画个珍禽啊，异兽啊，方便多了。所以我们看徽宗皇帝传世名画中有很多珍禽图。

他也是因为与这些动物零距离，所以观察它们的习性、行动的规律就非常细致。他曾明确地说过：孔雀若欲登高，必先举其左腿。

他观察得非常到位。

可是，一到了晚上谁都得睡觉啊，这些动物晚上不睡觉净瞎叫唤，而且是比赛似的叫唤，就看谁声大。

这一叫唤不要紧，吵得整个汴京城里人睡不着觉了，翻过来调过去睡不着，全在床上烙烧饼。

弄得大伙晚上都上街上转腰子玩。

所以我们后面讲到《清明上河图》的时候您就明白了，为什么汴梁城里夜市那么繁荣啊，大伙全睡不着觉，索性都上大街吧。

你艮岳里热闹，今儿个咱就戗回火，我外边比你里边还热闹！

宋徽宗擅长画"怪石"，配上他那"瘦金书"算是一绝。

太湖石是我们中国古代一种非常特别的审美取向。它的身体扭曲，形状古怪，大晚上的冷不丁能给人吓一跳，就跟"幽灵"一样。

徽宗皇帝从全国搜集各种各样的这种石头，到了京城。

这些石头站成一排，皇上跟检阅部队似的，一个一个看，看看有没有形状最为别致的。一旦发现了，就以它为模特，创作一幅写生图，或者写一篇小诗。

观摩宋徽宗书法名帖中，有一篇就叫做《怪石》。

但是可以肯定的是，当时宋徽宗肯定写了大量这种题材的，只不过我们现在能看到的不多了。

在画院中，有很多宫廷画师，他们经常和宋徽宗一起研究画艺。

比如，今天皇上有雅兴，大家一起搞一个比赛，皇上出题，今天咱们画“芙蓉锦鸡图”，看谁画得最好。

皇上跟大伙一块，挥毫泼墨。

画完了之后众人的作品摆在一起，徽宗亲自审查，找出画得最好的，皇上在上面题诗，题签。皇上的题签特别有意思。非常前卫，他用了一个符号，不是签名。

这个符号形状像汉字里的“天”，但是最后一笔收笔非常长，拉到下面，看不出来写的是什么。

后人诠释这种符号的意思是：天下一人。

取“蝎子拉屎独（毒）一份（粪）儿”之意。

估计后来明星的亲笔签名都受这启发。

因为当时宋院体风格大致都差不多，工笔味道十足，而且宋徽宗也唯独喜欢这样的，所以经他题字盖章的很多画虽然是出自宫廷画师之手，但是仅从画面上来看，就跟宋徽宗自已画的差不多。

怎么能辨别哪些画是他画的，哪些画不是他画的?

就拿宋徽宗的这幅《芙蓉锦鸡图》来说吧，有一种观点就说这不是徽宗的亲笔，只能代表宋徽宗的欣赏水平，不能代表他的绘画水平。

也就是说是别人代笔，有没有这个可能呢？有。不过对此观点，我的异议在于宋徽宗人家怎么就画不出来《芙蓉锦鸡图》这样的画来呢，太小瞧赵佶的手艺了吧。

错位的人生

毕竟他是皇帝，他不能老研究那些“业余爱好”，他的政务呢？大宋和西夏、辽的外交呢？军务呢？这些问题宋徽宗总得过问一下吧。

是，过问，但是这里头有他还不如没他呢，他净添乱了。

由于宋徽宗是一个君主，所以他的主张直接关系到国家的命运。

若他的主张对，那么国家强盛；主张不对，那么国家衰败。

他的主张对不对呢？

不仅不对，而且几乎都是错的。

可惜……

在宋朝传统的政治格局下，宋一直是与辽和西夏对峙着，尤其是和辽国，一百多年来倒也无大规模战事。

但是，由于女真族的异军突起，他的实力崛起之迅速令人咋舌，很快就超过了辽国，并且在辽的正东方虎视眈眈。

女真是从辽国里分离出来的，应属于叛逆一族。

但是辽国这百年以来不断地完成封建化，而金太祖完颜阿骨打实行的猛安谋克制度兵农合一，完全为战争与征服而设计，导致他们的实力进步得非常快。

游牧民族平时兼生产与战争于一体，由于他的社会组织形式大大简于中原王朝，故他们用一种兵农合一的编队将所有部落成员捆绑成为一支支小队，从而进行有效的管理。

完颜阿骨打对于女真人以血缘关系为纽带的什伍型编队进行了进一步完善，设立300户为一谋克，3000户为一猛安，谋克的首领为“百夫长”，猛安的首领为“千夫长”，并且演变原来的狩猎编队为生产（狩猎）、战争合二为一的“万能组织”。不论是对于女真人自身的发展，还是对外的战争，都是十分有利的，它能保证女真部落的战斗力可以随时处在一种充满活力的状态下。

后来建州女真的努尔哈赤根据猛安谋克制度改进成了八旗制度。

它保留了兵农“一体两面”的特征，并且军政合一，对组织形式又进一步明细化了，每300人为一牛录（汉语意“大箭”），首领叫“牛录额真”，平均25个牛录为一旗。一共分为正（zhěng）镶的黄、白、红、蓝八旗。四种颜色代表天（蓝）、地（黄）、日（红）、月（白）。

建立清朝之后，统治者因天子黄袍加身，便以黄为至贵之色。女真人原本尚白，《金史》记曰：“辽虽以镔铁为号，终亦变坏，唯金不变不坏，金之色白，完颜部色尚白。”保留原有习俗，白色次之为第二等颜色。

八旗制度是生产力发展后所衍生的生产关系，可以推动女真的统一，并促进其经济发展、社会发展和封建化的进度。

这您就了解了女真人之所以迅速崛起的原因，除了本身这个民族的战斗素质以外，制度的到位也促使他们能够在很短的时间里崛起。

这样一来，崛起了的金对抗辽已经不成问题了，那么他们就整天琢磨怎么消灭辽。

于是，金就开始寻求一个合作伙伴。

大宋与金，就这么勾搭上了。

按说大宋实在是不怎么局气。本来跟辽国的关系调整得好好的，已经很久没有冲突了，完全是一派和平共处的景象，多难得呀。但是宋徽宗为什么会这么想，他竟然觉得和金朝合作，趁机灭掉辽国，平分土地是一个不错的想法。

但是他竟然想不到，尽管暂时你分了辽国的土地，分了之后呢？

你是给金人暂时看管一下这些土地，到时候他们金兵南下，照样吃掉你，螳螂捕蝉黄雀在后的道理宋徽宗想不明白，也没人提醒他吗？

有人提醒他，但是这时候就瞧出徽宗有主心骨来了。

凡是他不想听的意见他就不听，对与错先搁一边，我不想听，多一个字我都不会听。

可能是艺术家的思维，也可能是他把问题想得单纯了，也可能是他过度信任了金国人。

他也许觉得金国跟辽国是一样的，只要到时候签一个盟约，照样可以几百年不打仗。

现在金国有意和宋朝联络一下，联合灭辽，宋朝就真的顺杆儿爬了。

他不顾盟友辽国与自己的百年修好，就为了一个莫名其妙的，自己都摸不清对方底细的新的少数民族而放弃了自己的大战略。

宣和二年（1120 年），赵佶派使臣出使金国，与金国达成谈判。

走路上是肯定不行了，那得经过辽国境内，你借道通过跟人家辽国没法说。人问你干吗去，你说跟金国谈判去，研究怎么灭你们!

让人大嘴巴扇出来都是轻的。

走海路，坐船，直接到东北，这个盟约就叫“宋金海上之盟”。

金朝是想让宋金合力，你从南面攻取燕京，我从东面攻取中京（今内蒙古宁城县西），夹击辽国。

灭辽之后，燕京归宋所有。原来每年给辽岁币，现在辽不复存在了，岁币您也别省下，转给我们金国就行了。

宋徽宗的意图是能不能把燕云十六州全都归给宋朝。

金朝说你好意思吗。

宋徽宗不吭气儿了。

燕云十六州，又称“幽云十六州”，大致包括了今天北京、天津、山西、河北北部。

公元 938 年，后唐河东节度使石敬瑭认辽太宗耶律德光为干爹，并将燕云十六州拱手献给了契丹辽国。从此，中原王朝需要调动大量的人力、物力和财力来加强边防，燕云的丢失，导致中原与北方少数民族再无屏障，双方几乎“零距离”接触。

原先，燕云之地多山林，易守难攻，而一旦突破此地，便进入了华北平原，中原再无险可守。

周世宗柴荣、宋太祖赵匡胤、太宗赵光义都想从辽国手中收复燕云失地，未竟，直至徽宗。北宋与金人联合灭辽之后，金才允诺归还燕云，可事后又以种种理由大打折扣，加深了宋金的矛盾。

结果真到了打起来的时候，发现金人个个是如狼似虎，攻城掠地，势如破竹。

宋军方面：三天一小败，五天一大败。

整个攻辽的主力全仗着金人拼杀，宋朝没怎么帮忙，净跟着添乱了。

第一次攻辽宋军大败，但是金兵不知道，宋徽宗就报虚战绩，金军还觉得宋朝挺能打的呢，到后来才发现，丢盔弃甲的全是你们。

到后来，宋军几番大败而归，按说攻打燕京的任务是宋军的，可是因为宋军败了，所以金军还纳闷儿呢，哎？这地方不是宋朝打的吗，怎么还没打下来呀？算了，自个儿来吧，他们把燕京给占领了。

宋朝一看燕京已经被拿下了，腆着脸来要燕京了。

当初盟约里说了，燕京归大宋。

完颜阿骨打这个气呀，心说吃饭有你，干活没你！当初这块地方应该是你打的，你打了吗？还不是我拿下的，我现在要说不给你吧，显得咱不大度，给你吧，我也忒大度了，大度得都成大头了。

你这样吧，宋朝不是有钱吗，你拿钱买。

徽宗承诺只要燕京归宋，以后燕京一地的赋税，全都归金，这样行吧。

成交了。

宋朝没有办法，打仗真是打不赢，金国节节胜利，自己作为盟友，一点战果都没落着不成白忙活了吗，怎么着也得得着一点儿啊，“贼不走空”啊。

在这次大宋与大金的分赃协定中，还明确规定了另外几项内容：

一、宋朝依旧要向金朝交纳二十万两银、二十万匹绢作为岁币。

二、宋朝一次性报销金国军粮二十万石。

三、对于辽国残部，双方均不可招降纳叛。

宋朝之前背弃了与辽国的盟约，才导致了辽的惨败，辽国皇帝天祚帝逃亡的下场。

现在，宋朝又要背弃与金国的盟约了。

首先，原辽国平州地方长官张觉归降金朝之后又率部归降大宋，还被大宋接纳了，令金国十分恼火。这明显是违反了“双方不得招降纳叛”这一条。

此宋朝犯忌一也。

当金朝向宋朝讨说法的时候，宋朝稀里糊涂地就把张觉给杀了，并且把首级呈上。

这一举动，不管是金人，还是辽人，还是宋人，都彻底对宋朝失望。

这一举动让人看出了宋朝根本没有立场，完全靠不住。

此宋朝犯忌二也。

宣和六年（1124 年），当金国使者按照盟约来索要那二十万石军粮的时候，宋朝又不给了。

这明显把事情弄得很没意思，好像存心要把关系闹僵似的。

此宋朝犯忌三也。

就冲着堂堂大宋王朝这么不讲信用，别人还怎么跟你共事？一点保障也没有。这一点让金国十分反感。

此时此刻，金国要稍作调整，把部队组织好，开始酝酿对宋朝的战争。

梦　魇

宣和七年（1125 年），金军终于酝酿好了，对宋宣战。

就像打辽国一样，金军摧枯拉朽，而且这次打宋朝，感觉比打辽国还容易，都已经超过势如破竹的境界了，完全是“势如破豆腐”。

金军兵分两路，双管齐下，像两把尖刀直接插入宋朝的心脏，也就是首都。

开封城岌岌可危。

宋徽宗赶紧把皇位传给儿子赵桓，说以后你就是皇上了，国家的事儿我不管了，你来吧，我得上南方给你烧香去，保佑你啊。

说完之后赵佶撒开丫子时速一千四百迈“嗖——”一下就跑没影儿了。

赵桓一看爹关键时刻玩这套，死的心都有了，谁不知道现在坐这把龙椅如坐针毡呢，又不是您当年吟诗作赋的时候啦?!

现如今亲爹都这样，还有谁能信得过呀。

赵桓不得已继位，是为钦宗，改元靖康。

金军这时企图攻城，但是守城将领李纲多次组织开封保卫战，把金军有效地挡在城外，不得再往前推进一步。

金国将领完颜宗望见久攻不下，提出议和，咱们谈谈吧。

钦宗一听“议和”俩字，哭得鼻涕冒泡，可把这一天盼来了……估计我爹在南方真给我烧香来着，灵啊!

议和！议和！甭管什么条件咱们都答应!

都怂到这份上了。

金军的条件如下：

割地：太原、中山、河间三镇。

赔款：500 万两金，5000 万两银，绸缎 100 万匹。

人质：亲王、宰相各一名。

钦宗赵桓也是求和心切。

割地没问题，只要我有的，你要哪我给你哪。

赔款没关系，我暂时没那么多钱不要紧，等我筹集一下，于是开封城算是遭了难了，大肆搜刮民财，七拼八凑给凑出来。

人质？有啊！我们这儿就不缺人。亲王有，派老九去，老九康王赵构。宰相有，张邦昌去。

赵构跟张邦昌俩人手拉手进了金营，给人当人质去了。

双边关系暂时缓和了下来。

赵佶那边一听说金国不打了？嗯，行，看来我烧香有功，可以回京了。

合着他就是出来躲难来了，那边一没事自己就溜达回来了。

儿子一见爹气儿不打一处来，你看你那个样子！势利小人，就知道享清福。

那也没办法呀，心里骂骂就得了呗，毕竟是自己爹，你能真照着他后腰踹两脚吗，那成大不孝了。

宋朝现在表现出对于金朝的顺服，金国人目前觉得挺满意。但是究竟是什么原因导致了最终金军一怒之下攻陷开封，掳走徽钦二帝的呢？

根据前面的经验来看，这回一定又是宋朝做了什么举动，惹恼了金军，他们才发动进攻的。

前面讲过，宋朝自从“白痴”的“海上结盟”之后，陆陆续续又“白痴”了好几回，最后终于把自己给逼上绝路了。

眼看人家要放自己一条生路，留了一个喘息的机会。这个时候，有一个人前来献策。

这哥们儿叫郭京，他说自己会六甲六丁之法，借天兵天将之神力，训练 7777 名“六甲神兵”。

到时候施以咒语，这些士兵可以刀枪不入，百毒不侵，定能大破金军，生擒敌将！

此言一出，听得钦宗是热血沸腾，浑身就跟打了鸡血似的。

兴奋！觉得一雪前耻的时候到了。

今天倘若我大宋得了这六甲六丁之法，训练出天兵天将来，到时候横扫金军不说，还能一统江山，那时候宋朝版图比太祖开国的时候还大，多辉煌啊。

想到这儿钦宗皇帝毫不犹豫，当即调了7777名士兵，跟郭京说你拿走训练去吧，到时候上战场就指着这些人扬名立万了。

郭京也是糊涂，自己有没有那两下子他自己不清楚吗，还真假模三道地掐诀念咒。

结果，七七四十九日之后，郭京说成了，可以开城杀敌了。

于是开封府城门一开，这帮送死的就冲上去了。

结果可想而知啊，你宋军千军万马的时候还打不过金军呢，这回凑一7777就好使啦？这不扯呢么。

最后惨败。金国人都吃惊，他们怎么又来了？而且人这么少？疯啦？

还以为有什么诡计呢，结果一交战才知道，纯送死来的。

郭京赶紧跑了，敌人没逮着他，逮着他也没什么用。

这回金军算是真的恼羞成怒了。

他们看透了宋室上下连皇帝带大臣，看来宋朝人不论是什么时候都愿意背信弃义，跟他们签合约就是扯犊子！除了不讲信用就是不讲信用，这样的国家还留着作甚。

盛怒之下的金军一举攻破开封，收缴了城里的马匹、武器，国库里的一切值钱东西。

不仅仅是物，还有人，光徽、钦二帝不算，还有宫里的宫女、后妃、皇室成员、大臣一个不剩拖家带口全都带走。

靖康二年（1127年）正月，金军困囚两位皇帝、宋室皇亲和大臣。

二月，金太宗完颜吴乞买下令，废掉赵佶和赵桓的皇帝身份，先跟着皇室宗族押往金营，然后分批送到北方，到时候一块听候发落。

我们知道宋徽宗是历史上唯一一个受过奇耻大辱的皇帝，其实不单单是他一个人，宋钦宗也是一样，另外还有那些跟着他们一起北上的王妃、公主。

女眷的主要作用就是交给金国完颜的那帮人挑，挑中的自己就留下了，当做金军消遣时的陪伴，比如朱皇后。

另有一批姑娘就不幸运了，她们被挑剩下了，就沦为军妓，受到百般凌辱，比如柔福帝姬。

具体说到了金国以后，徽宗父子二人是怎么受侮辱，又是怎么含恨而死的，我在此就不详加叙述了，理由比较简单，太憋屈了，说起来都丢人，索性不提了。

诸位读者要是好奇，真想了解的话，给您各位支个招儿：百度一下。

宿　命

最后，我们为这位书画皇帝作一个总结。

如果人才放错了位置，那就变成垃圾了。

这是一句至理名言。

千万别觉得才能是万能的，你就算有才华又怎么样？只要我给你放在一个蹩脚的位置上，不仅你的才能根本体现不出来，而且更有甚者能把你活活恶心死，这是一件多么悲哀的事情啊。

但是所谓人在江湖身不由己，我们必须学会适应和改变，及时调整自己，这样才能让我们的人生不至于太过坎坷。

我们普通人还好，一旦某个人身处在一个可以随心所欲的位置上的时候，就没有人能引导得了他了。就像宋徽宗，他是皇帝，他就可以坚持他自己的想法，别人不敢反对。

所以只有他一个人吃了那么大的亏。

我们想象，如果他是生活在我们今天的普通人呢？尽管酷爱艺术，但是他又不得不做另外一些事情的时候，会有多少人站出来劝阻他，他的人生会不会转向另一种辉煌？

单单因为他是圣上，他的错误思想得到了畅通无阻的滋长，最后的结果就是赵佶的人生全速奔向失败。

很多人都愿意说他如果不做皇帝，他的艺术如何如何，不错，他为艺术和文化事业作出了很多贡献，但是从另一个侧面说，世界上哪有那么多如果呀。

老天爷就让你这样，你老跟我谈“如果的事”，有用吗？

所以，现实一点，他的这种矛盾且复杂的人生现象才真的值得我们好好琢磨琢磨。

回归艺术

之前我们围绕着宋徽宗本人的事迹做了很详细的介绍，接下来，该是时候真正地讨论一下他的传世作品了。

徽宗流传下来的在他名下的绘画作品大致有两种风格，一种是精工到了极点的，还有一种是略为粗糙，带有速写意味的。

有的人就觉得粗糙的那些画是宋徽宗画的，精工的都是画师捉刀代笔。

这就无从谈起了，正儿八经学过美术的人都知道，在宋徽宗写生的过程当中，那些动物不可能老老实实在那儿待着一动不动，它们不像人，如果模特是个人，那好办了，你跟他说：皇上画你呢，你敢动一下弄死你！

你打死他他都不敢动啊。

动物你怎么来约束它呢？

是不是这么个理儿。

所以，在速写写生中，你倒想画得细致呢，客观条件不允许啊。徽宗只能回到书房里，关起门来，自己再踏踏实实地搞他的真正意义上的创作。

这样形成了两种风格，有什么不合理的呢。

在2005年4月的嘉士得拍卖会上，宋徽宗的《写生珍禽图》以2530万人民币的价格被一位比利时买家拍走。

当时咱们中国是想把这幅画收回来的，但是在财力上咱们没竞争过人家，我们故宫平均每年只预算出几百万的资金来收购海外文物，可是问题是名贵的文物基本上都在千万以上，竞争太激烈了，不断的叫价，最后直冲霄汉，我们望洋兴叹……

就拿元青花《鬼谷下山》来说吧，它的拍卖价格就不是几千万这么简单了，它当时都冲到了两亿多人民币，要疯啊这是。

《写生珍禽图》流传有绪，经专家考证属于徽宗亲笔。

为什么这么说呢，因为在徽宗硕果仅存的19幅画中，有一部分是亲笔，有一部分是如同我们刚才所讲的，他看着别人画得好，自己在上面题签，加盖玉玺而成的。我们必须把这两类画加以分辨，才不至于出现伪作。

从这幅画的流传记录来看，主要都是经过历代的宫廷。

同时民间亦有收藏过的大家，如梁清标和安岐，安岐之后，转入了乾隆宫廷，乾隆皇帝在上面加盖“乾隆御览之宝”，嘉庆一朝，嘉庆皇帝加盖“嘉庆御览之宝”。但是自从嘉庆以后，皇帝的印就没了。什么道光啊，同治啊，都没有在上面盖印，是他们不重视了，还是由于战乱的原因我们不清楚。

也可能是流向了民间。

因为这幅画曾经在日本流传过。但是它在日本的经历就不见于中国史籍记载了，得上日本查去。

我国有很多专家学者并不是没有去过日本，他们问过这事儿，但是当年那些日本藏家比较保守，他们并没有透露太多有效信息。

我们就不能够把这中间的很多情况了解清楚。

这一点比较可惜，要不然的话在这里也能把《写生珍禽图》在日本的流传故事讲给大家听听。

同样，还有另外一幅画的真伪问题存在着争议，也就是我们本章节后半部分的主角了——《听琴图》。

画面主要内容：一棵大树，树下坐着一个人，正在抚琴，其人衣着相貌不俗，颇有仙逸之气，也许就是描写的徽宗本人，他给自己整得有模有样，跟八仙里的吕洞宾似的，抚琴又似诸葛先生，可是得借着画美化一下自己，其实可能本人长得比画里的“磕碜”点儿。另外，边上有两位听众，做知音状。他们俩身着官服，一红一蓝，强对比的色泽。穿蓝衣服的人身旁有一小童侍立，安排这个形象估计是出于构图的考虑，要不然正中间一棵大树，树底下一人，左右各一人，等腰三角形，可以斗地主了。画面上，每个人神态各异，笔法娴熟，线条细腻流畅，颜色素雅，品质上乘。

真伪呢？嗨，说到底其实也没什么好争的。皇帝嘛，他有时候本来就虚虚实实。我们说乾隆皇帝的字写得好，就有人说那是一个叫“张塈”的代笔。对不对呢？对。但是百分之多少是，那玩意儿谁知道去，不行您就把乾隆从坟里刨出来问问。

还别说，这乾隆的尸骨早就被刨出来一回了。

1928年的时候，国民政府陆军第十二军军长孙殿英带着军队开到了清皇陵，趁着搞“军事演习”的当儿把乾隆和慈禧的墓全给刨了。

当时身在天津的溥仪听说这事儿之后浑身直哆嗦。

• **《听琴图》**

北宋 绢本设色 147.2厘米×51.3厘米 现藏于北京故宫博物院

死人是不能问了，活人对真相又知之甚少。

所以历史上有很多不确定，我们至今已无法做出“是”或“否”这样简单的判断了，更何况在我们能力和资料不足的情况下强要判断，那就是自己没事儿跟自己较劲玩儿。

何苦呢。

关于《听琴图》里的主要人物，有人认为是赵佶和蔡京，有人认为不是。

关于《听琴图》的作者，有人认为是赵佶，有人认为不是。

因为北宋蔡绦在《铁围山丛谈》中写：“独丹青以上皇（徽宗）自擅其中神意，故凡名手，多入内供奉，代御染写，是以无闻焉尔。”

“代御染写”指宫廷画手替徽宗捉刀，然而致使徽宗本人“无闻焉尔”。

就因为这一句话，宋徽宗的大部分作品开始受到怀疑，哪幅是真迹，哪幅是代笔，说不清了。

如果是赵佶所画，那么画中人物是自己的概率有多大，中国古代人是怎么画自画像的，有多少为自己画了自画像？这是中国绘画的主流吗？

有人认为从蔡京为《听琴图》的题词来看，这并不是徽宗的亲笔。

理由是臣子怎么能给皇上的画儿上题字呢，不合体统，僭越了。

此话有理，但是，您不看看这皇上是谁，赵佶在乎吗？他还不是怎么高兴怎么来，蔡京字儿写得好看，皇上就喜欢，来，题字，没事儿，就在我画儿上题。

人家愿意，哪管什么体统不体统，我们看宋徽宗跟米芾俩人闹着玩什么时候成体统过？要不然的话当初张惇就不会说端王轻佻了。

这就是赵佶的性格。

现在有两派意见，一方面赞成是徽宗亲笔，我们叫“正方”，一方面赞成不是徽宗亲笔，我们叫“反方”。

正方理由：从这幅画的题签上来看，他的署名方式不符合徽宗本人一贯的签署方式。再有，通过我们看蔡京的题诗，对比蔡京在另外三幅同样署徽宗名下的作品中题的诗的语气来看，似乎能发觉点什么。

我们就来比比看。

对比《御鹰图》、《雪江归棹图》、《文汇图》，还有这幅《听琴图》。从蔡京分别题在上面的诗文中，我们体会一下。先看《御鹰图》的：皇帝陛下，功德天地，仁及飞走，神笔之妙，无以复加。再看《雪江归棹图》：皇帝陛下，丹青妙笔，盖神智与造化等也！

估计能给宋徽宗夸得找不着北了，这就是蔡京典型的谄媚式题词，以此类推的话，那么我们想，在《文汇图》当中，头一句，蔡京肯定也得先说“皇帝陛下”，后面如何如何，对吧，前两个都是这么写的，但是没有，这次蔡京口吻变了，变成写一首诗了，一首歌颂型的七言绝句：

明时不与有唐同，
八表人归大道中。
可笑当年十八士，
经纶谁是出群雄。

您瞧见了没有，不像刚才那么劈头盖脸的一通“忽悠”了，人家正儿八经地题了一首诗，《听琴图》也是如是，在树的正上方，蔡京用他那俊美的行书写道：

吟徵调商灶下桐，
松间疑有入松风。
仰窥低审含情客，
似听无弦一弄中。

在皇帝面前，蔡京不可能展露出比皇帝更多的才华，如果一幅画是徽宗亲笔，万一蔡京在这幅画上题了一首诗，而且这首诗做得还文采飞扬，

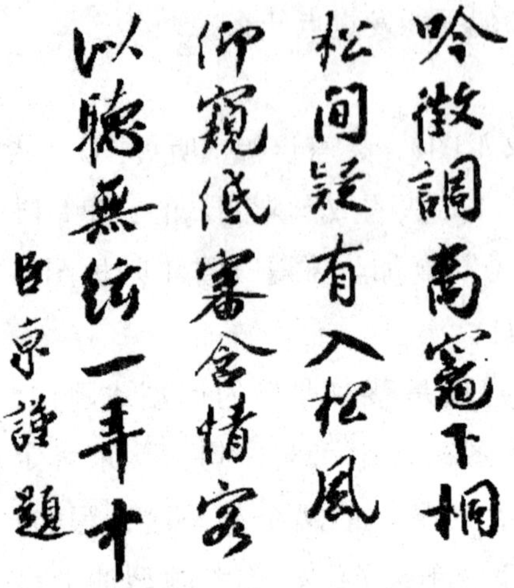

· 蔡京书法

一旦，有人认为诗作超过了画作，那蔡京这马屁拍得可就……[1]

于是乎，谢稚柳老先生的观点是：《听琴图》是院人的画笔，徽宗认为称心如意，乃命蔡京题诗于上。

以上是代表着反方的观点，那么接下来，由正方代表发言：

坚信这幅画是徽宗亲笔所作，第一个理由，画得太好啦，画院的人都画不出来！

这头一个理由就显得不太硬气，这算什么论据呀，貌似有点说服力欠缺。

没关系，正方能拿出真正有力的证据来，这就和《听琴图》的流传有关了。

话说这《听琴图》传至清朝嘉庆年间，曾一度被赏赐出宫。但是当再次被宫廷收回之后，人们惊讶地发现，在《听琴图》上发生了两个重大的

---

① 蔡京（1047－1126），字符长，兴化仙游（今属福建）人。北宋权相之一。

熙宁三年进士及第，后为中书舍人，龙图阁待制，知开封府。崇宁元年为右仆射兼门下侍郎，后官至太师，起初，在变法与保守之间，他犹豫了很久，曾投靠过王安石，后又站在了保守党人一边，成为了一个政治上的投机分子。徽宗年间，赵佶重用蔡京，在他的错误引导下，大宋江山江河日下，而蔡京也被扣上了“奸相”的罪名。

尽管如此，如明代严嵩一样，他也是一个不折不扣的书法大家，若不是臭名远扬，“苏、黄、米、蔡”四大家中的“蔡”就永远也轮不上蔡襄。

变化。

第一，手卷已经变成了立轴。

这说明有人重新装裱过它，我们今天介绍这幅画怎么介绍？北宋《听琴图》，立轴，绢本设色，纵 147.2cm，横 51.3cm……是这样吧，如今我们看到的立轴，就是当时改变的。

第二，赵佶原有的双龙小印，缝印“宣”、“和”，后隔水缝印“政和”、“宣和”、“政”、“和”诸印在装裱立轴的时候被拿掉了。

嘉庆二十一年（1816 年）编成的著录《石渠宝笈·三编》记载：本幅绢本，直幅横装……前隔水，宣和瘦金书《听琴图》三字上盖双龙小印，下钤缝印二：“宣”、“和”，后隔水钤缝印四：“政和”、“宣和”、“政”、“和”。

而现在呢，这些印全没有了，最醒目的，就剩嘉庆那一方“御览之宝”印在顶头跟“领导盖章”似的跟那儿“一超独霸”着……

所以如果这个知识没有的话，不知道这一段历史，就不能完全解读《听琴图》。

至于我们，也就不要过多地去在意这究竟是不是赵佶的亲笔了，学界尚有争论，我们何德何能就给出一个判断来呢。

我们只需知道，这是一幅素雅的好作品，并且代表着宋徽宗的审美情趣，乃至那一个时代的艺术风格，也就可以了。

写实与写意并存

说到艺术风格，有一点也许值得提一提。

宋徽宗同时注重写实与写意并存。

在中国绘画史上，宋代是一个比较特殊的时期，它有一个承前启后的意义，宋代以前，画家的笔锋非常工质，一笔是一笔，技巧非常规矩，笔法也严谨。

宋代以后，对于墨色的丰富的表现力就开始增强，渐渐讲究一种晕染的效果，写意的味道非常浓。

这种画风尤其到了明清两代，就非常明显了。墨分五色，我们看唐伯虎的山水画就能感受到这一点，笔墨蓬松多了。

再比如我们看仇英临摹的《清明上河图》和宋朝张择端的原作的区别，就能够体会出来。

宋徽宗呢，他是在写实的基础上来表现意境。

在宣和画院的考试中，宋徽宗出题，他说“深山藏古寺”，你们怎么画。

当时有些人就拼命地追求那个“古寺”的意象，一个个画的都是“廊腰缦回，檐牙高啄，各抱地势，勾心斗角”（唐·杜牧《阿房宫赋》：走廊宽阔而曲折，突起的屋檐如鸟喙般向上翘起。楼阁各依地势高下而建，像是互相环抱，又像互相争斗），以突出这个古寺的雄壮。

徽宗摇头，说这个不行，你无论怎么去“抠”这个古寺，也体现不出来题中的一个“藏”字，这个意境没出来。

其中有一个人扣住了题目的重点，这是会审题的人，他就画了一幅深山的风景，画得很好，然后蜿蜒出一条小径，一个小和尚打水回来。

徽宗说妙，有了和尚，附近难道没有寺院吗，不可能这个小和尚跋山涉水到很远的地方挑水，累死他，又不是西天取经去，所以寺必定就藏于此山之中，逻辑明确。

所以，徽宗所倡导的意境是建立在一个逻辑的基础之上，是很理性的。

另外还有一个例子。

徽宗又出一题目，说“踏花归来马蹄香”，诸位怎么画。

那些不会审题的人就开始费力不讨好，他们表现的重点在于马蹄上怎么才能够香起来，有的画马踏着一片片的花瓣，地上留着马蹄甩下来的花瓣，等等。

一般来讲，什么是好的创意？好的创意绝对不在画面中出现题目里已经有了的意象。

比如说画“藏古寺”，您都把古寺画出来了，还藏什么劲儿啊。“马蹄香”，您都画出花儿来了，那是花香啊，还是马蹄香啊？

有一个人就没画花，他画在马蹄子的周围，围绕着几只蝴蝶。

宋徽宗说对了，这才是切合题意呢，这才能突出是马蹄子留下的残余香味萦绕不去，把蝴蝶都引来了，它们误认为这是花香呢，突出了散发香味的是“马蹄”而不是别的。

我们知道蝴蝶是追着香气走的，非得画蝴蝶不可，你要在马蹄子左右画几只苍蝇，那完了，那说明这匹马刚才准踩屎上了。

意境之妙在于举重若轻，千金的秤砣，仿佛我只出了四两的力气，就举起来了；如果千斤的秤砣，你就拿出一千斤的力量把它举起，那叫做“举重若重”，还是前者技高一筹。

对于宋徽宗所持的这种艺术观，劳伦斯·西克曼在他的《中国艺术与中国建筑》中提到，并且称之为是一种“魔术般的写实主义”。

由于它不同于西方的纯写实，带有很大程度上的东方特色，所以西方人看着都觉得十分新鲜。

包括后来清宫画师郎世宁也是借鉴了这种中西合璧的绘画方法。

出于这种对绘画艺术的追求，宋徽宗本人对历代的古画都要加以收藏。所以他在大宋宣和内府里建立起了自己的一个专门收藏前代名家手迹的机构，一共藏有7000多幅书画作品，并且把这些书画作品分门别类，编成《宣和书谱》和《宣和画谱》两大系列。

这两个系列是姊妹篇。

宋徽宗的这个举动非常有意义，不管他是有心的还是无心的，确实是做了一件大好事，他对前代的书画作品不仅作了一个整编，而且还作了一个总结。

这样一来对于后世了解之前的书画历史都是很有帮助的，它兼具了很多史料的价值，我们在考证一个艺术品的相关信息的时候，有很多都是通过《宣和书谱》和《宣和画谱》来了解的。

大量的艺术作品均被宋院内府所收藏，给了这些书画一个集中起来的机会，当时收藏的规模之大我们今天难以想象。

笼统地说，其中囊括了书画、文房四宝、钟鼎礼器、玉器、雕品、花石、陶瓷，等等。

实际上，他的大规模收藏跟我们今天国家对文物的集中收购是异曲同工的，只不过我们是收归国有，宋徽宗当时主要是收归已有。

这倒没什么关系，只要能保证国宝有效地被收藏就行了。

宋徽宗的这个作风后来南宋的时候高宗也学了，到了清代，康雍乾三朝也都效法这种做法，尤其是乾隆。

这样就导致了在两宋和康乾时期出现了中国历史上的第一次和第三次收藏热。

注意，这里的收藏热不是指民间的收藏，主要收藏人群还是一些社会中有财力的阶层，真正意义上的民间收藏是民国和当代。

卷入“盗宝”案

闲言少叙，书归正传。

关于《听琴图》流传最精彩的部分，就不得不提及，它因为首任故宫博物院院长易培基“盗宝案”而出了名。

1949 年，理学家朱熹的后代朱家溍给故宫里原来被当做假货而存封起来的一批古物重新检查，平反了其中一些多年在假货堆中窝藏但受着冤屈的真品。

朱家溍惊讶地发现，在假货的箱子里，立轴《听琴图》就在其中，它多咱也变成假货了？

《听琴图》，这怎么可能是假的呢？是不是宋徽宗的真迹不敢确定，可再怎么说毕竟是宋代传下来的，确真无疑，朱家溍眼力独到，一目了然，不禁叹曰，当时是谁鉴定的这一批假货？怎么把真迹也算到假的里边来了？

这事儿就得问黄宾虹了，他是大画家，当年法院请他来检验一批古画的真伪，就为了易培基的那件案子。

结果就是这黄老先生一到，假的被检验出来是假的，而有些真的，他也告诉是假的，黄老这眼力呀，显然比不上他绘画的手艺。

1933 年，新闻界的热点：北京故宫博物院院长易培基被曝偷盗故宫文物。

这消息一出来，轰动效应，北京城就跟炸了营似的。

易培基？您各位不知道吧，他是毛泽东当年的老师，要是说毛主席的老师偷盗故宫文物，这个……不大可能吧？

这是一件冤案，一件名副其实的冤假错案，易培基是受害者，首先肯定的是，这件事情的“水分”不在于易培基“盗宝”本身，而在于冤枉他、企图陷害他的那个人或者那群人。

若干年后，这件大案被平反之后，人们知道了，易培基不是个坏人，但是人们知道的貌似是有点晚了，易老先生早已经含冤而终，可以说死不瞑目的。

害死他的，是他的一个老对手，国民党内的一个重量级人物，同时也是故宫博物院的领导人之一，张继。

张继，字溥泉，河北沧县人，1902 年参与创立华兴会，随后在东京参加同盟会，一直受到孙中山先生的器重。在国民党内德高望重，是一位元老级的人物。

在故宫，张继是副院长，与易培基同样是理事会的常务理事。

他在公和私两个方面与易培基不合，俩人也不知为什么，整不到一块去，心中产生了罅隙，这裂缝越来越大，隔阂越来越深，矛盾也就越来越尖锐。

故宫里，由此也就分成了两派。一派站在易培基这一边，一派站在张继的一边。

后来，在国宝南迁的目的地选择上，这俩人又有分歧了。

而最后，行政院否决了张继的提议，令张继心里极度不爽，他有理由认为这是易培基暗中给自己玩的“攒儿”（诡计），成心与自己作对。

他们之间的怨恨就越来越深，假如这时候把易、张二人搁一间屋里，俩人四目相视，只要有谁划一根火柴，恨不能刚一见了火星儿，屋子就能爆炸一样。

俩人都到这份儿上了。

这不，1933年到了，张继终于按捺不住，要开始从冷战转为主动进攻了。

在为文物南迁做准备的同时，另一出剧目也在故宫博物院拉开了帷幕。从1929年起故宫博物院的理事张继就开始嫉恨院长易培基。张继称易培基曾许诺提拔自己为博物院的副院长，他明确表示，怀疑易培基和他女婿在变卖故宫府库物品、准备文物南迁的时候徇私舞弊。与此同时，张继的夫人崔振华也参与了进来。这位富太太当时以脾气暴躁而著称于世。1932年故宫在变卖府库物品筹集资金的时候，崔振华没能得到自己梦寐以求的毛皮大衣和其他几件东西，她因此怀恨在心。(《中国皇家收藏传奇》)

张继和他的妻子两次起诉易培基，理由分别是指控1932年故宫府库金器的出售运作中存在非法行为和篡改丝绸销售账目。

第一次的起诉被法院驳回了，于是张继第二次进行了起诉。

一打官司，这回热闹了，各大媒体，公众的各种宣传方式，大喇叭广播……要了亲命了，易培基是院长啊，在人民心中是个典型的高级知识分子，东北人讲话：文化银儿！咱咋能整出这事儿来？

让媒体三炒两炒，易培基终于顶不住压力，6月份主动辞职了，不当院长了，这回行了吧？就别折腾我了好不好。

看来张氏夫妇对于易培基的对立态度坚决到了死磕的程度。

转过年来的10月，张继决定落井下石，对于已经辞去院长职务的易培基进行毁灭性的打击。看来，他是想“宜将剩勇追穷寇，不可沽名学霸王”，彻底搞掉易培基，不给他再次翻身的任何机会。

于是，由于张继对于公众舆论的操纵，马上，一种极为不利于易培基的言论产生了：曾经主管博物院的院长盗卖国宝，是以假易真，现在强烈要求法院出面，要求故宫支持检验宫中旧藏，一旦发现有假货的话，那就一定是易培基干的。

就这样，故宫开始请人鉴定文物，看看是不是真有假货在其中，只要假货出现，那么就能说明易培基在任上确实干过这偷梁换柱的勾当。

这才请著名画家黄宾虹来做书画鉴定的，黄老先生来了，结果一下就验出了一批伪作，法院就把被验出是假货的东西，全都另外装箱封起来了，认定，悉数为易培基调包的。

《听琴图》就在其中。

必输的游戏

那么，问题出来了，有两个问题必须回答。

第一，黄宾虹的鉴定是否准确无误？

第二，当时的宫中究竟有没有本身就是假货的？

好，我现在来回答。

头一个问题，黄宾虹的判断如果全都正确的话，也不可能出现后面朱家溍的翻案了，至少，《听琴图》已经足够说明黄先生的失误。

后来，朱家溍在他写的《听琴图》遭贬的文章中谈到：到了1949年，这一批法院封存的东西已经冻结了十多年了，我觉得是到了该动一动的时候了。但我知道马院长是最谨慎的人，如果我请示他能不能开箱，他一定说先不要忙着开，我采取的策略是在聊天时，随便说了一句："法院封存的箱，现在也可以打开了"，不用问话的方式，他也没有回答。我就作为可以开了。我把封存的箱都打开了，一箱一箱看过，都是有凭有据，故宫原存清代遗留下来的贡品中的那些假字画。但是从中发现了这一轴《听琴图》，还有一轴宋代马麟的《层叠冰绡图》，都被黄先生当做假东西封存了十多年。我拿了这两轴宋画给马院长看，果然他也没批评我擅自开箱的事。(《中国文物报》1995年12月3日，4版)

那时的马院长就是接任易培基的博物院院长马衡，他在任上最大的功绩就是在战争时期保护了迁移文物的安全和有效地保留了大批文物在大陆。

朱家溍可以有充分的把握推翻黄宾虹的论断："我看过很多真的宋徽宗的画，也看过不少蔡京的，蔡京是很有名的书法家，因为这个东西再从纸墨来看那就没错了。当初法院叫黄宾虹看过之后，就藏起来了，没人敢再提出要看，也没人说看看是不是。"

可是那个时候黄宾虹是前辈，朱家溍是晚辈，前辈已经说是假货了，晚辈还要否定权威的鉴定结果，这是勇气呢？还是无知呢？好像是初生牛犊不怕虎，但是只要朱家溍的判定最终被确定是正确的，黄宾虹才是错的，那叫什么？叫敢于挑战权威，叫有一股"标劲"，嗯，好！年轻人就该这样！

他会得到这样的褒奖，相反，如果您演砸了，其实人家老先生说的赝品就是赝品，你非要说不对，这叫初生牛犊不怕虎，这叫不知深浅，愣头青一个！

朱家溍当年铤而走险冒犯黄宾虹，结果一不留神，他成功了，这事确实很"神奇"。

朱家溍回忆他当时："我给首先拿到马院长办公室，我说您看这怎么能是假的，那么他虽然也不是书画的专家，但是他经验也很丰富，他一看，这是真的，再把它提出来这两件，一件《层叠冰绡图》，一件《听琴图》，搁到钟萃宫马上就陈列了。"

接下来，再看刚才我提的第二个问题。

就是故宫原本的藏品就100％是真的吗，一旦有假货，那跟易培基到底有没有关系？

可以说，半毛钱关系都没有，易培基比窦娥还冤。

依照法院的逻辑，无论结果怎样，在这场游戏中易培基都必输无疑，因为由张继和法院制定的游戏规则是：一旦查出故宫中有假货，哪怕有一件也好，易培基都要负全部责任。

易培基没办法，他现在只能向天祈祷故宫中可千万别出现赝品呐。

但是怎么可能没有呢。

这是明摆着的事情，康雍乾三朝，各地进贡的宝物不断，而那三位皇帝眼力独到，欣赏水平高超，更加之他们本人对于这件事情的重视，使得高质量的文物全都集中在清三代。可是嘉庆、道光以后，进贡的古玩是“黄鼠狼下耗子——一窝不如一窝”的一个趋势。

这到了咸丰、同治年间就更是了，慈禧太后哪儿喜欢这个呀，她也不怎么看，每年过节，地方上列出贡单，皇上扫一眼，慈禧太后扫一眼，点个头，贡品来了直接拉后院收着，就搁着，也不再去动它。大臣一看敢情你不看呀，那好东西与其说白白进贡给你还不如我自己个儿留着呢，给你你也不看，这不糟践东西么，你说不进贡吧，也不行，还得进贡，索性就弄点高仿，反正你一老太太拉扯一小孩瞎么合眼也看不出什么门道儿来。

就这么着，假货就来了。

最后晚清政局动荡，人就更没心思玩这个了。

古玩？瓷器？名人书画？还是算了吧——

基于这晚清的大量仿冒文物在故宫里充着数儿，再连带黄宾虹误判的“赝品”算在一起，最终，易培基监守自盗的罪名成立。易培基遭受了冤屈和国人的误会，不久含恨而死。

临终前他留下遗言：唯有故宫一案，培基个人被诬事小，而所关于国内外之观听者匪细，仰恳特赐查明昭雪，则九幽衔感，曷有既极！

终究，说明了一点，张继的关系比易培基的硬，所以这场明争暗斗，以易培基的冤死而告终。

如今，《听琴图》已经重见天日，弹琴的还是那个，听琴的还是那俩，这哥仨在画中悠哉游哉，三双冷眼，漠视着赵佶的宿命，易培基的悲剧，不发一言，依然只管抚琴享乐，这画外的烟云，便顺着琴弦的拨弄而消散了。

这正是：娑婆一时观不透，天缘有份画中游。

第八章

一幅流动的历史

——《清明上河图》

• **《清明上河图》**
(局部) 北宋 张择端 绢本设色 宽 24.8 厘米，长 528.7 厘米 现藏于北京故宫博物院

《清明上河图》，但凡是个中国人，估计没几个不知道的。

但是我斗胆再问一句，您真的知道了吗？

未准。

您保不齐就会含糊了，《清明上河图》的那些事儿，您未准都知道。

比如说这“清明”二字指的是什么，您就未必说得出来，那么，“上河”又当怎讲？

有人说了，清明啊，还不明白？清明节呀！

不错，“清明”有清明节的意思，但是在这幅画里，它未必是清明节的意思。

那么说还有别的意思吗？

有，它是当政治清明讲的，说的是太平盛世。

这幅画由北宋画家张择端画成后进献给宋徽宗赵佶，赵佶看见这东京汴梁繁华似锦，大喜过望，遂题书“清明上河图”。

原来这幅画单名“上河图”，后加上“清明”，合成“清明上河图”。

那“上河图”中的“上河”又是什么意思？

“上河”在这幅画的名字中有下列几种不同的说法。

第一，说“上河”是指汴河上游，画的是汴河上游这一段城市的街景。

第二，指的是“进城赶集”，画的是老百姓纷纷涌入城里，做生意、干大小买卖儿的场面。

第三，有的学者觉得“上河”就是“上坟”的意思，可能这些专家就认为这幅画表现的时间就在清明时节，大家都扫墓去了。

可问题是这幅画的主题表现的是都市风光，说“上坟”的都跑题了。

主流观点认为，这是张择端为了展示东京汴梁一片欣欣向荣的景色，经过长时间的考察，深入生活，才绘制出来的一幅极具写实性和历史文献价值的风俗长卷。

画中由城市到郊区，构图疏密得当，人物安排得紧凑而不拥挤，房舍鳞次栉比，基本上是还原了当时京城里的街道景象。

街上的人三教九流、五行八作什么都有，推车的、担担的，卖葱卖蒜的、卖米卖面的，摇煤的、烧炭的，卖茶叶鸡蛋的……嚯！这人太多了。

根据统计，宋代时期的东京汴梁一共有多少人口呢？大约一百五十多万人。

但是算上那些不在统计范围之内的流动闲散人员，估计比这个数字还得多。

这么庞大的一个都市，吃穿用度，生活物资的运输，用现在话讲叫物流，全都靠着汴水。

这就解释了为什么在《清明上河图》中汴水岸边停满了大大小小的各

类船只。

《宋史·河渠志》记载："东京养甲兵数十万，居人百万家，天下转漕养给，在此一渠水。"

这么一说来，汴河就是东京人的"母亲河"了。

此外，宋太祖赵匡胤废除夜市禁令，"夜市直至三更尽，才五更又复开张，如要闹去处，通晓不绝。"（《东京梦华录》）

在这之前就大不一样，比如盛唐，那时节城里开市要等到午后，傍晚左右收摊儿，也就一个下午的时间。

长安城里的作息全听钟楼的钟声，"凡市，以日中击鼓三百响，而众以会；日入前七刻，击钲三百声，而众以散。"（《唐六典·卷二十》）

这就说明宋代的城市管理制度相较于前代，更适合商业的发展，所以北宋国家 GDP 增长迅速，成为当时全球最大的经济体。

这也就导致了来自世界各国的贸易商旅不远万里来到东京汴梁进行商业活动。

尽管北宋周边有辽、金、西夏，但是阻隔不住那些西域及中东各国的客商通过丝绸之路与中原进行贸易。

这就解释了为什么在东京城里会出现一队骆驼。

当然了，从图上我们能发现满城什么动物都有，不仅有骆驼，还有马、驴、牛、猪，这些动物估计都是近郊赶着进城做买卖用的。

我们都知道宋徽宗政治腐败，任用奸佞。当时高俅、杨戬、蔡京、童贯为宣和四大奸党，另外，由于宋徽宗独有的对太湖石"瘦、皱、陋、透"的奇怪审美，导致举国上下运送大宗的"花石纲"，劳民伤财，百姓怨声载道。

基于这些现象，有一种观点就出来了，说离开汴梁三百里，就是人间地狱。

事实上，这个观点多少有点形而上学，它孤立了当时的历史时代。跟现在当然没法比，但是如果要跟唐朝比，跟五代比，宋朝的百姓生活确实提高了不少，因为那是一个经济空前发达的时代，除了军队力量不及周边少数民族以外，哪方面都比同时代国家强盛，不论是经济还是文化。

史料的证据是单方面的，了解一个时代还需要有那个时代的历史证物。

《清明上河图》就可以算是反映徽宗朝社会城市面貌的一件“证物”。

这件别具一格的“证物”不仅见证着画中本身呈现出来的历史风貌，更是经过了八百多年的沉浮，如今也见证了这小一个世纪以来所经历的风风雨雨，辗转与飘零。

下面，就让我们把时间退回到大宋宣和年间，由打《清明上河图》问世的那一年开始，来品读一下这八百年来的国宝传奇，其中有多少是真，多少是演绎，已难考据，您索性就权当听一乐呵吧。

赵天子降香识正道　张择端制宝献端王

大清早，东京大相国寺里被收拾得格外干净，院子里一尘不染，一帮小和尚都拿着笤帚在地上划拉。

其实地面都比那帮和尚的脑袋还光溜了，不介，仍旧一丝不苟地扫着，擦着。

“快点啊，里头外头得收拾干净点，一会圣上御驾亲临，降香还愿来，咱得给上头留一好印象啊，争取下回这卫生红旗还是咱们的。知道了吗!”

小和尚异口同声：得嘞——

敢情是徽宗天子赵佶今天来相国寺降香，怨不得一大早先搞卫生呢。

拿现在钟点来说，上午九、十点钟，徽宗赵佶带着亲兵卫队，携蔡京来到了大相国寺的门口，老方丈领着几个大弟子出外迎接。

互相见礼之后，卫队在门外候着，赵佶和蔡京领着几名随从进了相国寺的大门。

烧香拜佛的过程不长，其实一会儿就完了，赵佶得留着点时间跟人家老方丈唠两句，老没见了，另外还得赶着中午蹭一顿斋饭吃，算得可周到了。

“这寺院最近又装修了吧？”赵佶道。

“还好，走廊翻新了一下，换了新漆，重新让人画的。”方丈道。

赵佶扫视了一番走廊的壁画，顿觉手艺超凡，起了好奇心：“这画儿有点意思呀，谁画的？外边请的人？”

“没有，这是本院专门负责游廊壁画的画师画的。”

“嗬，你们这还有这高人呐？”

“这不是有些游方画家为了求个生计，上这里主动要求为庙宇翻新，做些点缀，间接也积些功德，眼前的这些画是一个叫张正道的人画的，见笑见笑。”

“哪啊，这水平都快赶上我们翰林画院了……不是，那什么，咱们这午饭……”

方丈急忙吩咐：“哦，嗨，说着话都忘了，快，吩咐下去，准备斋饭，今天皇上驾临，告诉伙房，再多炒俩菜！”

午后，方丈陪同赵佶与蔡京入后堂休息。

“今日圣上龙体尚安否？”方丈得寒暄两句。

“安！安！就是这两天阴天下雨时候膀子难受，光膀子难受倒也没什么，就是胳膊吃不住劲，写字儿的时候手老哆嗦，可我这平时还就好写个字儿，唉，这可怎么好。”

“哟，那您可得好好保养保养，天下谁不知道您这‘瘦金书’是一绝呀！哎，既然说到这儿了，这么着吧，您就受累看看我这堂里挂的几幅画吧。”

赵佶一听说有画儿，立刻就来了精神了。在方丈的禅房里确实挂着很多风景山水，一看，了不得！上追范宽、顾闳中之遗风，得展子虔笔法气韵，同时又有自家面貌，甚是叫人喜爱，宋徽宗有点儿走不动道儿了。

便问道：“哎呀，方丈师父，这位画家是何方的高人呐?!”

“嗨，您问他么，刚才咱们在走廊上看见的彩绘就是他画的呀。”

“就是那位张、张什么？”

“张正道。”

“对！对！对！哎呀，没想到你们这里真有高人呢，他现在在哪？”

“平素里他都在后院起居，给他安排了一间禅房，画画的时候屋里地方小，铺不开，就让他上香积厨（大雄宝殿右侧为香积厨，是寺僧的斋堂），把桌子都拼到一块，好展上纸，搞他的创作。”

赵佶听得有些愣神，半晌回过闷儿来点了点头，冲边上的蔡京打了个手势，意思是出去让门外的人准备准备，今天的活儿差不多了，赶紧回宫。

赵佶匆匆跟老方丈道了别，说宫里事务繁杂，得先回去了，改天再来烧香。

徽宗打道回府，头一件事，吩咐蔡京，赶紧打听打听这个相国寺张正道，调一下他的档案，赶紧把他的档案从相国寺转到翰林书画院来，别在寺院待着了，屈才，上画院来吧。

于是蔡京就赶紧去办这事儿，皇上下诏说找谁那还不立马就得找着，结果下午回来放的信儿，晚上这人就到了。

大凡这诗书画的高才，徽宗皇帝都得亲自接见一下。跟艺术家沟通是赵佶平生的一大乐趣，时间晚了点？没事，晚就晚吧，反正这两天膀子疼闲得难受，找人唠唠嗑也好嘛。

“草民张择端叩见万岁！”说罢一个头磕地上。

“起来吧，起来吧，跟我没那么多礼儿讲，都是搞艺术的，整那么正式干吗呀，抬头我看看……嚯，瞧这长得，有鼻子有眼儿的，画画得真不错，哪个美院毕业的？”

“回圣上的话，草民本山东东武人（今山东诸城），早年游学于汴京，后来因为文化课太次了，没办法，说汴京美院要的分数线低，就学了美术，考的汴美（全称：大宋汴京皇家美术学院）。”

徽宗大喜：“噢，我知道，汴京美院不就是直接隶属中央的美院吗，敢情你也是‘央美’的呀！我们翰林画院这儿好多画师都是‘央美’毕业的，估计这里头还有你上几届的师兄呢！”

“那就太巧了，小人学艺年头不长，学艺不精，绘画谈不上造诣，可不敢跟翰林院的前辈们比。”

“嘿！假谦虚，假谦虚！你画得不好我这大半夜的把你叫过来!？难道我的眼力还不够不成，你也不用拘着，打明儿个起，你就上我这画院里上班来吧，先弄个翰林画院待诏干干，以后定时交上几幅作品来，没关系，有灵感就多画，没灵感就少画，在我手底下干活就一特点：轻省!”

张择端一下被调入中央，千恩万谢那是自不用提，这徽宗一朝又多了一位杰出的艺术家，实乃可喜。

这个张择端擅长画那些城市建筑、房舍、桥梁等工程类的素描，比起画院里头那些专画山水人物、花鸟麟毛的画家来，更偏于理工类一点，由此，他也就成为画院比较独特的一个画师，颇得徽宗皇帝赏识。

因为宋徽宗酷爱书画，沉醉于其中，故他在位时期扩大了宋宫廷原有的翰林图画院，建立“宣和画院”，直接隶属于中央，专门从事艺术创作。进入画院的画师都要经过专业的考核，合格之后才有资格在画院供职。宫廷画师亦属于朝廷官员，称作“翰林”、“翰林待诏”和“翰林待诏直长”。

在宋徽宗的亲自领导下，宣和画院的艺术文化事业发展蓬勃，欣欣向荣，对于北宋末期的艺术起到了相当大的推动作用。

转眼过了些时日，有这么一回，张择端跟几个同事在画院里闲的无聊，开始侃大山打发时间。

那个说了：“老几位听说了吗，就前两天，米芾又上殿前当着大庭广众给皇上写字儿去了。写完了之后皇帝当即赏了他九百两白银呐!”

那个说了：“嗨，年兄，皇上这是骂他呢，九百这数儿不就明摆着说他是一‘冒儿爷’吗（宋代人称“九百”同“九伯”，九数卦象“乾”，属阳，阳盛则致衰乱，故“九”为文人所恶，“世以痴为‘九百’，谓其精神不足也。”北宋·陈师道《后山诗话》），你还嫉妒他什么呀。”

“话是这么说没错，但是毕竟是赏了呀，人家得实惠了，他米南宫整天装疯卖傻，可是皇上真稀罕他呀，就属给他的赏赐多。那回皇上叫他写字儿，他看上皇上那方宝砚了，跟皇上磨叽，非要拿走，圣上刚一点头，没成想他抓起砚台揣怀里就跑了，连声儿谢都没说，太没规矩了，亏皇上还这么宠他，唉，这世道……”

这正有一搭没一搭这么聊着呢，张择端听罢，一人儿琢磨开了。

他心说不行，皇上对文人的态度太偏袒了，这样一来那些真正对朝廷有功的大臣和武将该有想法了。

我们这些人再怎么着充其量也不过是些“艺人”罢了，跟那些战场上出生入死的武将们没法比，皇帝过分地赏赐我们，对社稷来讲是有欠公允的。

于是，张择端有一个想法，他想画出一幅作品来，借此作品来警示皇上这大好河山来之不易，华灯璀璨的汴梁城之所以像今天这样的繁荣，全靠的是当年范仲淹、王安石、高怀德等文臣武将的前仆后继，打下的基础。

为了能让赵佶守得住这份家业，张择端准备构思一幅能够充分反映出首都繁盛的社会风貌的画卷，当做礼物呈给徽宗皇帝，希望皇帝喜欢，并能从中悟出自己蕴含在画中的一片苦心。

这个想法大致上跟徽宗说了说，徽宗也是很感兴趣，当即拍板：“好，你去构思吧，不着急，好好画，朕也正想有这么一幅太平盛世的写真图呢!”

张择端又提出了自己的一个要求：“皇上，微臣还要求在城近郊租间工作室，在皇宫里不方便我收集资料，深入生活。望您批准。”

皇帝大包大揽：“没问题，你说咋地就咋地，不就想要个工作室吗，可着京城周边，地方你随便挑，看上哪了就找蔡京，他就都给你办了。”

“臣谢万岁!!”

很快，张择端就把汴梁城郊的一个环境雅致的小院变成了自己的临时工作室，开始创作这幅能够展示出这座国际化大都市那种繁华似锦的气势来的风俗长卷。

每天早晨起来盯八点来钟，张择端进城，沿街串巷在城里转腰子。

什么叫茶楼、哪个叫药铺……

饿了上摊儿上买俩贴饽饽，就一壶热水。

吃完了下午接茬儿逛，东瞧瞧西转转，逛到天擦黑儿，回去画构图，不满意第二天还来，一连好几个礼拜都如是。

一个月下来，倒落一个东京城路况他比谁都熟。这叫体验生活，下基层深入群众。

转眼，几个月过去了，张择端收了摊儿，拿着这幅画好的画儿兴冲冲地找皇上去了。

结果自不用问，皇上大为满意，问这画起得什么名字了吗？张择端说没有正式的名字，只想先叫“上河图”。

徽宗摇头道：“上河二字怎么能体现出这幅画的内涵来呢，你看这画面中应有尽有，丰富多彩，从城里到城郊，无一不透出热闹祥和之气，此乃政治清明，百姓安居乐业之象也，我出一主意，就叫它‘清明上河图’吧。”

言罢遂叫人研得了磨，掭饱了笔，徽宗在画一侧亲笔手书“清明上河图”五个瘦金大字。

写完之后在下方加盖了双龙小印。

徽宗余兴未消，越看张择端越顺眼，下令给正道先生再涨两级工资。

“谢主隆恩！”张择端跪地上嘣嘣嘣磕了仨头。

金人掳掠传家卷　张公火葬上河图

话说靖康二年（1127年）夏，四月庚申，“金人南犯，凡法驾，卤薄，皇后以下车辂，冠服、礼器、法物、大乐、教坊乐器，祭器、八宝、九鼎、圭璧、浑天仪、铜人、刻漏、古器、景灵宫供器，太清楼秘阁三馆书、天下州府图及官吏……技艺、工匠、娼优，府库蓄积为之一空。”《宋史·卷二十三》

知道鬼子“大扫荡”吧，照着那个想象一下就行了。

那时徽宗已经让位，钦宗赵桓当国。金人把徽、钦二帝活捉，押往北方。宫里头好东西一样没落下，全给拿走了，给宫里收拾得那叫一干净，耗子都没地儿找食儿吃去了。

其中就包括这幅《清明上河图》。

不过，这幅画倒不是从宋室皇宫里发现的，它是金兵攻破淮宁城之后，从守城将领向子韶家中查抄出来的，所以说到这儿，咱就得费点笔墨来讲解一下向子韶的故事，以及这幅原本是献给徽宗的画怎么会跑他们家去了。

话还要从向太后说起。

向太后是宋徽宗、宋哲宗的母后，但二人都不是她亲生的。

在向老太太还在神宗朝当皇后的时候，她有一个太爷爷，叫向敏中，当时官拜宰相。

她是向敏中的“耷拉孙儿”，从真宗皇帝开始，向氏家族一直与赵氏家族有联姻的关系，向太后还有俩兄弟一个叫向宗良，一个叫向宗回，要论起辈分来，这哥儿俩得算是宋徽宗的大舅、二舅。

徽宗继位，向太后也死了，留了宗良和宗回兄弟俩，皇帝对这二位也是眷顾有加，平日里经常赏赐些珍贵的古玩书画什么的。

也不知哪天，皇上又高兴了，这头一眼瞅见的就是那幅《清明上河图》，于是，一拍脑门子，得嘞！这幅画也归你们老向家了。

就赏赐给向氏兄弟了。

后来这老哥俩也去世了，家产自然就要往下传，子辈侄辈的多少都得分着点，老大分房老二分地老三分物……向子韶就是其中的一支，《清明上河图》分配到了他的名下。

当金兵攻打淮宁城的时候，守城的将领便是这位子韶兄。

他率部将顽抗，“子韶率诸弟城守，谕士民曰：‘汝等坟墓之国，去此何之，吾与汝当死守。’”（《宋史·向子韶传》）

但是终归寡不敌众，没守住，城破以后，向子韶不放弃，在城里与金兵展开了激烈的巷战。

可能这时候他也知道胜利的希望是渺茫的，现在唯一能做的，就是尽可能多杀几个敌兵，杀俩就比一个强，尽自己最后的一份力。

战争的结果呢，用脚后跟也想出来了吧，向子韶被俘，不屈而亡，年五十，谥忠毅。

当然了，金兵也在一定程度上蒙受了损失。

于是，在金人掳掠式地查抄了向子韶的家的时候，有很多值钱的东西被带走了，其中包括两样，一样是《向氏评论图画记》，另一样便是《清明上河图》。

说来也不知道是万幸还是不幸，北上的《清明上河图》并没有直达上京朝廷，而是流落到了民间。

这幅画在民间如何辗转姑且先不表，花开两朵各表一枝，再说这大宋。

建炎二年（1128年），宗泽去世，金兵大举南侵，赵构仓皇南逃到扬州。

赵构觉得安全了，可以放松一下了，于是就在扬州行宫行乐消遣，蹦迪，晚上夜总会……

这天晚上，赵构正一如既往地“天上人间”着呢，突然军情来报，金军冲破了韩世忠和刘光世的防线，攻陷安徽天长，十万宋军已被打散，眼看金兵要逼近扬州城啦。

赵构刚喝一口酒全喷旁边人脸上了，赶紧穿上衣服通知大伙继续撤退！

这时候宋室祸起萧墙，“苗刘兵变”，赵构险些被迫退位。

赵构正欲委曲求全，此时吕颐浩、张浚、韩世忠、刘光世起兵勤王，帮助高宗平定了“苗刘兵变”。

赵构心想现在人心太乱了，攘外必先安内，于是提出与金议和，咱俩不打了，等我把家里这些乱七八糟破事儿先处理处理再说。

结果是赵构热脸贴一冷屁股，金人不吃这套，渡过长江，直逼临安，给赵构挤兑到海边了，赵构坐船逃到温州瓯江江心孤屿。

金军号称，就算是“搜山检海”也要把赵构逮着，结果找了半天也没找着，没那耐性，索性不找了，回家！

临走前，纵火焚城，回去走一路烧一路。

这时候赵构一看敌人走了，才敢把脑袋伸出来。

绍兴二年（1132年），赵构在临安踏实下来了，便以此地为都城（行在）将南宋政权确立下来。

由于之前让人家追着屁股打得跟三孙子似的，所以如今一得喘息机会，张择端忧国忧民的情绪又高涨了，为了让赵构能够守住赵氏王朝的基业，早日收复失地，重振国威，遂故伎重演，闭门仨月，又构思一幅新的《清明上河图》。

这幅画力争要超越上一幅，画好了之后呈献给高宗。

无奈的是，高宗皇帝不像徽宗当年对艺术品情有独钟，他没领这份情。画儿怎么来的，他怎么给"锛儿"回去了。

张择端见状是深受打击，从此心灰意冷，情绪低落，不久便郁郁而终。

临死前他将该画付之一炬，断绝了一切念想。

徐装裱偷梁换柱真易假　杨泰和重价辗转获奇珍

1271年，忽必烈建立元朝，定都大都，也就是今天的北京。

当时元朝横扫金朝和南宋，掠夺了很多名人字画，还有大量的珍贵书籍，其中就有《清明上河图》。

但是不论是书籍也好，字画也好，元朝人都不怎么重视，他们是蒙古游牧民族，对于中原文明这些东西不感兴趣，于是这些文物他们就一直搁在库里头，压箱底儿，很多年都不动。

一压就是几十年，话说到了元末至正年间，宫中有这么一位专门负责字画装裱的匠人，姓徐，单名一个"五"字。

元朝那会儿社会底层没有名字的人有很多，有的就按照家里的排行给其一个数字，排老五就叫"五"，排老十就叫"十"，或者叫"重五"，俩五不是"重"吗，所以叫重五，您看朱元璋早先不就是叫"朱重八"么，他不能叫"朱八八"，所以改叫"重八"。

这位徐五一家原本是七个孩子，后来闹病死了仨，就剩下老大，老四，自己和老末了。

其中老四和老末还体弱多病，没法养家。老大仗着自己有点体力，白天就在街面上“打拔岔”干零活，挣点散碎的银钱。

徐五呢，靠着小的时候跟父母学过装裱字画的手艺，能在宫里头修复一下古字画。

别看是在宫里，挣得可不多。

怎么呢，平时也没什么活儿，他又不会烧造瓷器，就会裱个画。

所以一年到头，跟大哥也就维持个基本生活，还得养家呢。

可有这么一天，该着这徐五发财，怎么回事呢。

话说他大哥在外头工地上等活儿，利用这个空闲时间跟一帮干力气活的“同行”们正聊天儿呢。说着说着，就说到彼此家里的情况来了，这个说如今活不好干，挣得太少，家里还有老婆孩子呢，那个说这年头连自己都快养不活了还要什么孩子呀，那个说你们俩别气人啊，我这儿连对象还没有呐!

“哎，老徐，你老说你五弟在宫里头，按说你不应该跟我们这帮人混一块儿啊，你怎么也干起零活来了？不都说有人在宫里，一家子跟着享清福吗，哪怕在宫里是个太监，他们家也是占着房、躺着地的，你们家怎么回事?”

有人提这个，边儿上人也就跟着附和。

老徐脸上有点挂不住了，叹口气：“是呀，谁知道这是缺了哪门子德了，好容易赶上家里有人在朝廷工作，可偏偏就是一个裱画儿的，挣得还不如太监多呢!”

说到这儿，这老徐就感觉后面有人，一回头，瞧见一位爷，就这主儿，从身上穿的带的一看，就不敢小瞧他，样子像是个有钱的。

老徐道：“嚯，这位爷，您这是要请我们干活还是?”

“不是，我就找你，刚才在边儿上小铺里喝茶，我就靠着门边儿坐，正好听你们聊天儿挺大的声儿，尤其是那句‘你们家有人在宫里裱画’，是你说的吧。”

“是啊，说的我兄弟，嗨，一个小小的装裱匠。”老徐陪笑。

“嗯，这就对了，来，借一步说话，我有话要跟你讲，来来来，随我这厢来!”

说着话就把老徐领到路对过儿的茶馆里头了。

俩人坐好了，叫了一壶茶。

那位先生问道：“小伙子，我问你，你兄弟是在宫里内务府干活儿吧?”

“这个……说不好，听他念叨过，我记不大清了，好像是这个名字，我记得有个‘府’字儿，因为他平时老说‘府里头’、‘府里头’的。”

“嗯，这就对了，他会字画装裱，这个临摹造假的手艺，他学过吗?”

“嚯，看您问这个，小时候跟着父母倒是学过，可就是父母说这是欺世骗人，当年不大愿意教给他，所以这手艺精不精的可就不好说了。”

“对，这话也本不该问你，我这么说吧，我就是个在京城里做官儿的，现在有一桩能让你们哥儿俩发财的买卖，也许就在眼前了，看你们干不干。”

“哟嗬，大爷，怪我多句嘴啊，这骗人的事我们可不干啊。”

“不是骗人，就是做张假画。”

“那不就是骗人嘛!”

“哎，你别喊呐，我再问你，你是汉人吧。”

“是啊?!”

“对啊，是谁让你们这些汉人被蒙古人打不能还手，骂不能还口，蒙古人杀了你，顶多赔俩钱儿，你们要是打蒙古人，哪怕就是抽俩嘴巴，灭了你们全家都算是轻的！想想，这是谁定下的规矩？我们骗的，就是这帮骑在百姓头上作威作福的人，你看看你现在的这种处境，反过来想想，他们难道骗骗都不该吗?”

“噢……这么回事啊。”老徐一听觉得倒是向着自己这边儿的，“那您说要我们怎么办呢?”

“最好你能把你弟弟找来，我直接跟他说，你愿意在边儿上听着就听着，不想听我单独跟他说也行。”

“成嘞，您甭管了，我立马就找他去，您挨这儿等着我！”说完噔噔噔下了楼，直奔家里。

不大会儿功夫，大哥拉着徐五坐到了这位大人的面前。

那位大人拿眼打扫了徐五一番，道：“不久之后，宫里头有一批旧藏字画要重新装裱，其中有一幅，你能帮我给临下来么?”

“您说哪幅啊?”

“便是北宋张择端的那幅《清明上河图》长卷呢。”

“哎哟，那画儿我见过，太复杂了，我就是一普通的装裱匠，裱个画儿啊，哪怕是做个旧我都行，可说到这临摹……咱估计是没那么大的技艺，那幅画技术含量太高了，我实在是有那心没那力啊，要不大人，您再找找别人?”

“不了，就找你，别人谁有机会摸着那幅画儿啊，你要是实在画不出来，我也有办法，我给你一幅民间高仿的，跟那幅画基本上是一模一样，你到时候把它们换过来，这样行了吧。”

“您这可是逼小的我犯错误啊，不瞒您说，家里头还有两位兄弟卧病在床指着我们哥儿俩养活呢，现在这年头可是犯不起罪呀……”

“行了，你不用说了，你放心，如果这件事情给我做成了，你们后半辈子也不用在外面风吹日晒了，我给你们哥儿俩一人一千两白银作为酬谢，里外里你们是两千两，有这两千两，你们到南方去，开家儿买卖也成，干什么也成，保证宫里头绝不知道这件事！”

老徐和徐五犹豫了半天，最后一狠心一咬牙，人生命运有时就像是赌博，就看你有胆没胆了，有胆，说不定就翻身，没胆，有可能一辈子抬不得头。

“成了，回头您把那幅假画给我，只要内务府下令装裱宫中库藏，我就把那幅《清明上河图》给您换出来！”徐五道。

那位大人一拍大腿对老徐道：“你看怎么着！我就说他是内务府的吧！”

老徐：“……”

具体到这位官儿老爷约某时某地给徐五一张赝品的《清明上河图》，徐五借宫中装裱字画的工作之便，顺手牵羊，偷梁换柱不提，事成以后，兄弟俩果然各得一十两白银，算是买结了这位大人。

从此后，两兄弟带着家属离开了元大都，去往江南置了田产，做了些生意，后文不提他们了。

书归正传，《清明上河图》落入这位爷手中不久，他被朝廷调往真定（今河北省正定）出差。

他不在家的期间，家里的管家起了歹心，见这幅《清明上河图》价值连城，如今主人又不在，自己私下里联系了一个叫陈彦廉的人，趁着家里无人做主，便将画卖与了此人，中间捞了一笔可观的费用。

可是，纸里包不住火，管家知道主人过些时日自会回来，当被问到《清明上河图》的下落时肯定无法交代，此时他又怎么能自圆其说呢？

这里无法稽考，便不得而知。

而那位陈彦廉得到宝物以后，唯恐人家本主儿落实此事，打上门来追究责任，日不能食，夜不能寐，快做下心病了。

一幅历史风俗长卷，也能熬得人心憔悴，何苦来哉呢。

为了能够赶在该画的原本主人从真定回来以前，赶紧把画出手于他人，陈彦廉是四处探听下家儿的消息。

终于，还是功夫不负苦心人，陈彦廉听得江西泰和名士杨准此时寓居北京，此人素来以博雅好古而闻名，而且家藏丰厚，如若他听得这里有宋人《清明上河图》真迹转让，岂不喜不自胜，而且开的价儿越高，他越觉得是真的。

陈彦廉打定主意，正好这两天也急着用钱呢，索性丁是丁卯是卯，今天日子就挺好，趁着杨准人还没走，画就卖给他了。

至正十一年（1351 年），杨准和陈彦廉谈妥了价钱，以五千两银子成交这幅《清明上河图》。

陈彦廉拿着钱美得两行泪外带两溜清鼻涕；杨准拿了画儿乐滋滋地回了江西老家，画跟着带往南方。

算来算去，这里头最冤大头的便要数元朝朝廷和那位雇人偷画的大人了。

朝廷是一直蒙在鼓里，所以也算不得冤。这位大人可就不一样了，本来是个明白人，里外里花了纹银两千不说，最后倒落一个“一屁俩晃儿”。

说到底还是那句话“家贼难防”，不过这位大人吃的是朝廷的俸禄，偷的是朝廷的宝贝，是不是也算“家贼”呢？

不光算是，估计还得是位“老家贼”呢吧……

陆夫人绣枕藏真迹　王御史做赝遭祸殃

话说那杨准得了宝贝，回了老家，喜笑颜开。

自己约朋友共赏此画，写了题跋，钤了印章，并尤其告诫子孙该画要“永续珍袭，不可转让”。

• 仇英临摹版《清明上河图》局部

可是后来，仍是给卖了，到底是在“利”字面前，上辈的叮嘱都不管用了。

明朝嘉靖年间。

《清明上河图》继杨准之后，归于陆完之手。

陆完深知此画之珍贵，故长久以来将此事包得严严实实，极少与人谈起，并且把这个精神传承下去，他跟媳妇说，无论出现什么情况，这《清明上河图》一定要用最安全的办法给存好了。

媳妇陆夫人明白了。

陆完死后，陆夫人想了一个主意，她把这幅画卷成二尺来长，缝在枕头里，整天就放在脑袋边，只要看得见枕头，画就没事，哪天要是枕头丢了，那就算要亲命了。

可是从犯罪心理学的角度说，一般人没事偷枕头干吗呀，他吃饱了撑的。

所以，理论上，这是很安全的。

有这么一天，陆夫人有个外甥找自己。《味水轩日记》原文记载这外甥没有名字，只说他姓王，就叫他王生吧。

这个王生说与陆夫人彼此间既然是亲戚，老没见了怪想的，亲人之间应该多走动走动，要不然长时间不来往该生分了。

陆夫人一想也是，那就坐屋里陪外甥聊会儿天吧，最近怎么样啊？忙什么呢？搞了几个女朋友了？等等，唠嗑呗。

唠着唠着，这王生就说到《清明上河图》了，听说原来老爷子在的时候家里收了这么一件宝贝，想看看。

陆夫人对这种话题一向敏感，说实话，她连自己儿子都没让看过，可又一想，她知道自己这个外甥是学美术的，正经美院科班出身的，他想看看这是好事儿啊，这属于提高专业水平啊。你说不让看，显得有点小气，人家这算是一种学习嘛。

“那好吧，可以看，但是看可是看，只许看十分钟，不能带笔墨，我得在边上，才能让看呢。”

王生道：“没问题。”

陆夫人道：“那你随我这厢来。”说着就把王生领到自己卧室来了，然后坐在床沿上开始拆枕头。

王生很是不理解：“您这是干吗呢？您不得给我拿画儿吗？怎么干起针线活儿来了？”

“嗨，你甭管了，拆完枕头你就看见画儿了。”

“您这不像话呀。”

陆夫人不理他，接茬拆自己这枕头，一会儿，枕头打开了，里面有一个卷，展开以后，《清明上河图》出来了。

王生一看：“好家伙，敢情这机关在这儿呢，您这是防谁呢，快收快打快藏，不让鬼子抢走一粒粮？”

“你贫嘛呀！哪那么些闲话呢。快看，看完了出去。”

王生就在那儿看，看了一会，陆夫人说了：“十分钟到了！”就给外甥拉出来了。

晚上，陆夫人自己又掌上灯，把画叠吧叠吧重新给缝进去了。

简段截说一连两三个月，这位外甥王生老到陆夫人这来，每回来都说了，别生分，亲戚得常走动，这样大家才能熟。陆夫人说你现在是熟了，不光跟我，现在街坊都认识你了。

来得太勤了。

而且每次来，都要求看一眼《清明上河图》，每次都是十分钟看完就出来。

一开始陆夫人还嫌麻烦，说你怎么老看呀，关键是每回我都得拆枕头，太费事了。

王生老说自己在艺术创作的时候会遇到问题，想学习一下前辈大师是怎么处理的，人家抱着学习的态度来的，你能不让人家学习吗，所以后来陆夫人索性也就不往枕头里缝了，反正过不了几天还得拆。

这个王生要干吗呀，他整天看这幅《清明上河图》，他自己目识心记，时间一长，这幅画在他脑子里就有印象了，之后，凭借着自己的绘画专业，用了几天的时间，他默着画了一幅《清明上河图》。跟原作差不太多，基本上可以算成有一定水平的仿品。

这一天，王生的家里来了一位客人。

宫里头的都御史王忬王大人来了，见面就跟王生说："画画完了吗？"

王生道："画完了。您过过目？"

遂将自己背临的这幅《清明上河图》展开，王忬一看，高兴："好，太棒了，画得真好，瞧这墨，多黑呀！"

王忬一看这幅画不仅笔法直追宋人，而且这幅画做旧的感觉相当逼真，尤其是纸张那种发黄的感觉，给人一种古老的沧桑感。

"王先生，你这做旧做得棒啊，纸张的这种发黄的色泽，你是怎么做出来的这种感觉？"王忬问道。

王生道："这你甭管了，这是技术，说了你也不懂，当初美院一个资深的教授教我们的招儿！"

"我是不懂啊，不过看着挺好的！"

"那什么，既然画儿你满意了，那钱呢？"

"什么钱？"

"嘿你别玩儿这个啊，我这儿给你忙活仨多月了，光拆枕头拆多少回你知道吗！"

"拆什么枕头？嗨，跟你闹着玩呐，不识逗，说好的纹银八百两，都给你带来了。"

"这不就结了。"

一手交钱一手交货，原来王生是要拿假画跟人交易。

那么，这位御史王大人拿这幅赝品要蒙谁去呀，蒙的不是别人，蒙的正是"六必居"的严嵩。(严嵩不是给六必居题过匾吗)

本想巴结一下权臣，但是这里头有人看出问题来了，严嵩手下的一个负责装裱这幅画的人看出这幅画有问题，这肯定不是张择端的真迹。

这个人叫汤臣。

汤臣就跟王忬说："这幅画，明说，是个伪作，但是一般人看不出来，这样，你给我 40 两银子，我就不给你戳穿，怎么样。"

王忏心说我花八百两银子把画买过来的，下了血本儿了，就为送领导，你小子还要跑我这儿敲一笔呀，太缺德了，不给！

死说活说不同意，汤臣怀恨在心。

行，你个御史王忏，你个瓷公鸡，铁仙鹤，根毛不拔一子儿不花的主儿！这回就让你吃不了兜着走。

汤臣憋了个坏主意。

王忏把这幅画献给了严嵩，严嵩也是看不出来，他十分高兴，日夜观摩，爱不释手，大宴宾客的时候总要拿出来展现一番。

这一天，严府上下大排筵宴，众宾客欢聚一堂，严嵩坐在当中好不神气。

酒过三巡，菜过五味之后，严嵩又想把自己家藏的这幅“传世名作”《清明上河图》拿出来给大伙瞧瞧。于是叫人把画捧了出来。

此画展卷，四座皆惊，好啊，真是旷世之宝，大伙夸，好不好的都得夸，相爷那么有兴致你不说好听的不作死吗。

就在此时，汤臣在场假装端酒杯的时候不小心，把整整一壶酒全都泼在这幅画上了。

大伙又是一惊。

大家心中暗想这回汤臣算是倒了霉了，但是一会儿的功夫，大家发现这幅画起了变化，颜色慢慢褪掉了，酒水把墨色全都冲下来了，满屋子酒味儿，严嵩脸上也挂不住了。

当时王忏也在场，他心里更害怕，想不到汤臣这家伙竟然给我来这手儿！

又过了几秒钟，屋子里酒香顿无，换上来的是一股子尿臊味儿！

“嚯，怎么那么臊啊！”大伙嚷道，“快找找，找找这味儿是从哪来的！”“忒味儿啦，直呛脑浆子……”

挨着那幅画不远处坐着一位高喊：“大伙别找啦，就是这画儿的味儿，这画是臊的！”

大家目光集中在这幅《清明上河图》上，定睛观瞧，只见这幅画不仅墨色褪去，画纸的古黄色亦褪去，顺着画角儿流淌着一道道黄色液体。

“这是尿啊，谁往画上撒尿啦!”

王忬此时心中愤怒：“王生闹了半天是撒尿做旧啊！我说我问他他不告诉我呢，是不能告诉我，丫还愣说这是美院教授教的招儿，哪教授出的这缺德主意呀!”

这一来，可把王忬给坑苦了，严嵩在众宾客面前颜面尽失，作为“献宝人”的王忬被严嵩处死，汤臣也落得个让严嵩出丑的罪魁祸首，王生造假画受到牵连，最后死于狱中。

参与这个事件里的所有人都是亏心的，所以他们的结果也都是相似的。

可以说，他们都是互相被陷害的。

严嵩因为假的《清明上河图》一事整了个灰头土脸，当时的众宾客在场的不敢明说，但是私下里聊天儿的时候都传此为笑谈，说严大人家珍藏着一幅经过“高科技”做旧手段处理的《清明上河图》。

严嵩发下毒誓，不夺得真迹《清明上河图》，难雪我耻!

无巧不成书啊，陆完死后，他的儿子缺钱用，知道家里有一幅宝画，就给拿走卖了。

那诸位会问，你刚才不是说他妈妈把画都缝在枕头里了吗，连儿子都不给看，那现在儿子怎么能拿的走啊?

嗨，刚才我不是说了吗，原先是往枕头里缝，后来不是陆夫人她外甥老来看，她嫌拆开麻烦索性就扔外头了。

就这样，被儿子拿走高价卖给了昆山顾鼎臣家，后被严嵩父子强行索去。

这样严嵩算是把面子找回了一些。

隆庆年间，严府被抄，《清明上河图》归明室所有。

朱希忠折俸抵宝　冯双林谣言避嫌

隆庆年间，某日夜，大雨滂沱。

那是在离皇宫不远的树林间，狂风挟暴雨击打着树叶，仿佛只有在这种地方，自然的威力才显得更加强大。

偶尔，黑色的夜空会突然划开一道白痕，闪电顿时照亮了树林，一刹那将树叶上粼粼的水的反光映了出来。

纵然有路，也是泥泞不堪了。

在这样恶劣的天气里，往日幽深的树林，也开始变得恐怖起来。

如果再加上呼啸而过的风的声音，那就更令人毛骨悚然了。

在林中，有一个人的身影，惶恐地跑在树与树间的缝隙中。

那是一个太监，他的手里夹着一个细长的包袱，为了不让手臂因雨水而打滑，他已经用力地在夹包裹的位置压出了一道深深的凹痕。

他疯狂地向树林的另一端跑去，冲击着前方的暴雨，脸上的汗水与雨水混为一体，向脸颊的下方汹涌地流淌着。

没人知道他从皇宫中跑出来为了什么，而从那慌张略带惊恐的目光，和似乎是为了逃脱一群吃人的猛兽的那种没了命的狂奔来看，他一定是逃出宫来的。

而那秘密，八成就与他胳膊里夹着的那个长长的包袱相关。

否则，就无法解释为什么他唯独夹着这件东西在暴雨中义无反顾地奔逃。

又是一道撕开夜空的闪电。

闪电过后，除了大雨的沙沙声，就是那小太监践踏泥水的拍打声。

又过了几秒，一声突如其来的雷鸣，那声音可怕极了，是一种极具毁灭性的炸声，就像要粉碎整个树林的一切。

树林中唯一的这个人，在惶恐的基础上，已经更加心惊胆战了。他很侥幸，刚才的那一下没有把自己的脑壳撕裂。

但是他早已经被这狂风暴雨吓破了胆，能够支持他往前跑的，仅剩下了一点点惯性。

而他的脚步，由于体力的透支和精神的过分紧张，早已经缓慢了下来。

而就在此时，又是一道令人战栗的闪电，正是这道闪电，终于夺去了他最后的一丝意志力。

他扑倒在地，泥水一下子被溅起来。那长长的包裹，也扔在了前面。

绳子早已经断了，裹着的布被风掀开，任雨点肆意地开始攻击那件东西。

那个太监颤抖着身体，他扒着旁边的石罅，目光就在那件东西上，看着它渐渐被泥泞所吞噬，他彻底绝望地倒下来了，不久，整个人就同地上的烂泥相差无几了。

而在一阵闷雷的同时，闪电照亮了那件地上的东西。

那是一张发黄的画卷，那是《清明上河图》!

而如今，它已经在暴雨的蹂躏下，完全毁掉了。

好了，上面那一段叙述，就是我根据冯保所言，按照电影的感觉想象的。

当然，如果冯保说的真像我上面讲的那样，那今天谁也看不见《清明上河图》了，在泥里头都给撕成那样了，索性就谁也甭惦记了。

冯保就是要这么说，他是想让公众知道，这幅画现在已经死了，也就没人再去注意这幅画了，这样一来，他便可以踏踏实实地，拥有他窃取来的这幅《清明上河图》了。

之前在隆庆朝，成国公朱希忠看上这幅画了，想要，当时的隆庆皇帝对这幅画也不是很重视，说你要是想要就给你吧，但有道是无功不受禄，我这么轻易地就把画给你，我说服不了别的大臣。

这样吧，算你买的，你拿你的俸禄来抵这幅画，怎么样?

朱希忠说行啊，那您看看这幅画值多少钱吧。

皇上说这东西咱也不懂，朕找懂行的人给你估估价吧。

就在估价的这几天里，冯保消息灵通，先下手为强，利用自己的职权之便给这幅画偷了出来。然后又散出谣言，就说是宫里的小太监在将《清明上河图》从鉴定估价的有关部门送回来的时候，自己给昧下了，准备携画潜逃，结果就在晚上，这幅画便毁于暴雨。

太监冯保，深州（今河北深县）人，号双林，隆庆元年（1567年）提督东厂兼掌御马监事。神宗即位后，任司礼监掌印太监，兼掌东厂（明代特有的特务机构），集内外大权于一身，权倾朝野。

现在您看《清明上河图》，后面有一段跋就是这太监写的。

有一个非常有利的证据证明冯保这幅《清明上河图》来路不正，就是他在题跋中不提这幅画是怎么流传到他手里的。

在题跋中，有很多人愿意写一写我是怎么得到这幅画的，因为这里头往往有些故事比较值得写写，一是给后来人提供一些关于这幅画流传有绪的详细信息，还有就是增加这幅画的传奇经历。

但是，您看看冯保他头一句话怎么写的：余侍御（万历皇帝神宗朱翊钧）之暇，尝阅图籍，见宋时张择端《清明上河图》，观其人物界画之精，……虽隋珠和璧不足云贵，诚稀世之珍欤……

您好好品品他说的，我在服侍万历皇帝的闲暇，见到了《清明上河图》，说得很暧昧，这时候倘若人家说拦您一句，我们听听您是怎么见着这幅画的？

他答不上来，皇上赏赐的？不可能啊，这露脸的事情他能不给写上？

他没写，说明什么？说明心里虚，不好意思明写，把实话都写上？冯保疯啦，拿起笔来：余侍御之暇，尝阅书籍，闻《清明上河图》，盗之……

那不一下就破案了嘛！只要冯保的智商不跌破两位数，我觉得他都不可能干出这事儿来。

得到了该画的冯保想表明这幅画的珍贵，他说隋侯之珠，和氏之璧也不及也，表明了他的一种喜悦的心情。

单单从写题跋这件事情上来看，按说太监不应该有文化，但是冯保不仅有文化，而且书法也好。这得益于冯保年轻的时候，那时候他是小皇帝的“大伴儿”。万历小的时候，冯保负责监督他学习。

白天张居正给皇上上课，一放学累得要死，家里头还有个冯保，看着他写作业，写不好就上太后那儿告状去，太后骂万历一顿。

所以在万历早年，朝政由太后、张居正和冯保三人把持。

冯保私自把这幅画移出皇宫，本想长期占为己有。但是，万历皇帝也得长大，他别的没记住，就记得小的时候冯保老给自己告状了，所以心里头讨厌老师张居正和这个冯保，这是剥夺自己童年快乐的两大罪魁祸首。

万历亲政以后，待到张居正死，冯保和张居正的家均被抄没。

《清明上河图》从冯保家中流出，进入民间流传200余年，此间传闻不断，但皆无从查考。

乾隆晚期，《清明上河图》为官员毕沅所收藏，嘉庆二年，毕沅以剿匪不利被问罪抄家，家产上缴宫廷，该画进入大内，藏于紫禁城迎春阁。

结　尾

1946年，中国人民解放军解放了长春。解放军干部张克威同志，通过当地干部收集到伪满皇宫流散出去的珍贵字画十余卷，其中就有《清明上河图》。

1949年，中华人民共和国成立，《清明上河图》进入北京故宫博物院。

我们现在看到的《清明上河图》是一幅，当时收上来的时候可是一批。都叫《清明上河图》，都5米多长，你知道哪个是真的哪个是假的?

从画中的题跋和印章上来看，只有一幅的题跋和印章最为完整，能和古籍中所记录的对得上，便是真迹的这幅。

那时候主要负责文物鉴定的是《国宝沉浮录》一书的作者杨仁恺先生。

他过目的文物太多了，光是叫《清明上河图》的画卷就不下10多幅，给人老先生看吐了都快。

但是那没办法呀，都是假的，还没发现真的呢。

从北宋到现在，好几百年，名画免不了被反复临摹。

比如仇英就临过《清明上河图》，不过仇英是大师，所以他的临摹作品也是国宝。但是毕竟大师是少数，还有大多数低劣的摹品呢，那帮人还都停留在“撒尿做旧”的阶段呢，这玩意儿你怎么弄啊。

最终，杨仁恺在众多同名作品中发现了一幅，只有这幅画他是从头展到尾的，之前基本都是打开一半或者三分之一就能给“枪毙”的。

只有那一幅，从头到尾都最为符合标准。

但是也并没有署名是张择端，当看到最后金人张著的一段题跋写到：“翰林张择端，字正道，东武人也，幼读书……”

OK了，“张择端”仨字儿出来了。

在众多专家的一致认可下，我们留下最具有价值的《清明上河图》版本，其中包括张择端的，仇英的，还有乾隆元年清宫画院的几个画师联合完成的版本。

还有一点值得提一下的就是，我们今天的中国人把张择端的《清明上河图》又拔到了一个新的国际地位上去。

2010年的世博会上，中国馆令人最为记忆犹新的就是那幅超大的多媒体展示板，经过数码清晰放大处理，并且每一个细节都忠实再现，动态版的《清明上河图》。

每一个人物，不管是室内的，还是室外的，每一只动物，每一条船，都在活动。

设计者充分发挥想象，想象他们会怎样活动，做什么动作。比如骆驼队，因为队伍是行动的，你的目光可以跟着他们看他们到底要去哪。

而且它比原作还多了一个创意，就是整个场景分为白昼和黑夜，真实再现汴京城的昼夜繁荣。

在馆内，万头攒动，不少人举着相机不断地拍照，摄像。

我听见人群里有人喊了这么一句：“这是中国目前做得最好的动漫了。”

我深表认同。

第九章

『东北货』的故事

——《水村图》

文物从宫内流向宫外，这紫禁城宽阔的大道对于溥仪来说畅通无阻。晚清的政治已经摇摇欲坠，人人自危，有谁还关心国宝的去向？那些在宫禁之中珍藏了百年的文物具有通灵的神性，一样一样地把它们从宫里掏空，也掏空了紫禁城的魂魄，那国家的“元神”丢了，亡国也就快了。

话，还得从那批“东北货”说起。

事儿，不大，可也不小。

说不大是因为这仅仅是末代皇帝溥仪在困境中谋求经济上的自保而变卖了很多前清的珍宝。

说不小是因为这里面经历了几件中国近现代史上惊天动地的大事儿。

我这么粗略地一算，首先就是辛亥革命，接着是北京政变，九一八事变和伪满洲国的建立，最后是日本战败投降撤离中国东北。

这些事儿里，几乎件件都有溥仪活动的影子。

在清朝末年，溥仪承继大统，建号“宣统”，小的时候宫里请了一位外国的“帝师”，专门负责教小皇帝学文化，学知识，这位老师叫庄士敦。

庄士敦是英国牛津大学的文学硕士。

牛津的，牛啊，洋老师教的课程都比较时髦。他不仅教孩子文科的东西，还教数学、自然科学、地理，还有英语。

小孩接触这些东西觉得新鲜，而且吸收得也快，渐渐的，受西学的影响，溥仪就对那些陈旧的思想感到反感了，比如说脑袋后面老得留一条长辫子，这什么玩意儿啊，一点道理都没有。

剪了！于是溥仪自己个儿就率先把辫子给剪了。

一国之君都剪了辫子，这说明大清朝已经是气数将尽了。

时间一长，溥仪觉得这紫禁城之外的花花世界可太美了，老想着出去看一看。

据说英吉利的绅士们温文尔雅，法兰西的姑娘们个个浪漫多情，德意志有幽深的古堡，荷兰有恬静的农庄……

哎呀，不行，溥仪越想越好奇，就越想出去看看。于是，他就不止一次地表示过想要让他的老师把他带到国外，留学一番，而且当时溥仪还有一个宏图大愿，就是模仿彼得大帝当年，去外国留学回来之后振兴自己的国家。

问题是，哪能他说怎么着就怎么着。

就连庄士敦都觉得溥仪现在出洋时机未到，家里人和王公大臣更是坚决反对，门儿都没有。溥仪钻牛角尖的劲头一上来，不让出去还非得出去，想辙，不就是钱的问题吗，有办法。

溥仪还拉了一个小同谋，就是他老弟溥杰。

小哥儿俩都商量好了，溥仪没事的时候就以赏赐的名义给溥杰一些宫中的珍宝，然后溥杰出宫的时候记得背书包里给带出去。

要满足这些行为必须要两个条件，第一，皇上有权利赏赐下属任何东西。这是没有问题的，在清朝皇上说赏谁什么东西那不跟玩似的，家常便饭啊简直是，我们看乾隆雍正他们不就经常说：赏×××，玉壶春瓶，一对儿！赏×××，鼻烟壶，一只！赏×××，夜壶，一车！等等。

乾隆爷可以，那宣统爷不一样可以吗，顶多就是这个“爷”比那“爷”岁数小点，那没事儿啊，“小爷”、“小爷”的叫法儿就是打那儿来的。

这是玩笑，不过说明第一点条件是满足的。

第二点，就是溥杰有出宫的自由，这一点也满足。

后来据溥仪回忆录里说，溥杰从小就有更多的机会接触紫禁城外的社会，出宫的机会也多，更关键的是，出宫的时候用不着被看守盘查。

你想啊，人家怎么也是王爷，在当时皇子排辈儿的时候是按照“溥”、“毓”、“恒”、“启”排的。

“溥”排老大，出门的时候太监都得给跪下，那你要像现在似的门口弄一安检的不麻烦了嘛，这边溥杰一出门，“嘟嘟嘟”一叫唤，过来俩带红箍的："嘿，包里揣什么呢？打开看看！"

那就"虾米"了，好在当时不可能，所以溥杰能够比较顺利地把这些东西带出宫。

当时，往宫外头带宝贝的还不止溥仪他们，其实有好多宫里的太监也趁着管得松的时候顺手牵个羊什么的。

而且溥仪还曾大量遣散过宫里的太监，导致这帮人必须想办法为自己出宫以后的生计想辙。

所以宫里的宝贝在他们的能力范围之内，尽量地带走，这样将来不至于窘迫。

没过几年，辛亥革命爆发，武昌起义一打响，后面接着湖南、陕西、江西、山西、直隶……群雄并起，了不得了，清王朝就跟"就地解散"了似的，各省都表示脱离中央政府的控制。

这样一来，那清政府的紫禁城还有什么用，里面的皇帝不就如同聋子的耳朵一样了吗。

溥仪估计，嗨，甭估计了，肯定是百分之一万的不愿意这种局面发生。

他当时对自己的大清王朝还抱有很多设想呢，至少，祖宗留下的江山在他这一辈儿上这么灰头土脸地败落，你说他能觉得自己对得起祖宗么，但是现实就是这样，你不愿意都没地儿找人说去。

清朝在总体上来讲是覆灭了，但是还有很多遗留的东西。

毕竟二三百年的历史，终结前会有一些惯性，除了遗老遗少们心中的大清王朝还依旧存在以外，在外在形式上，中华民国以新政府的名义颁布了一系列《满清皇帝辞位优待条件》和《满清皇室优待条例》。

这其中包括很多尊重皇帝社会地位的礼仪要保留，还有保障皇帝的四百万年薪，皇帝祖陵永久朝奉，等等。

而且，关于皇帝的住房问题，"条件"中也明确提到"大清皇帝辞位之后，暂居宫禁，日后移居颐和园，侍卫人等，照常留用"。

就是说没有通知以前，皇上还住宫里，该怎么着还怎么着。

这样溥仪还算踏实，但是实话讲，他也没踏实多少日子，因为谁也没成想冯玉祥①会搞一出“北京政变”！

冯玉祥本来是应该参加第二次直奉战争的，但是半截途中冯玉祥率部队开进北京城。他是为了直接反对自己的领导吴佩孚，而联合孙中山准备积极“倒直”，因为吴佩孚就是直系的军阀，所以“倒直”就是“倒吴”。

冯玉祥占领北京城只是“倒直”的一个步骤，具体他是怎么打击吴佩孚的咱们不做重点，话还说回京城来。

冯玉祥这两天腾出手来干吗了，他叫人把原先的皇室优待条件给改了一通。

告诉说溥仪你赶紧收拾收拾，卷铺盖找地儿搬家去，别挨紫禁城里占着了！

溥仪说没地儿去。

怎么会没地儿去？你原来住哪？你不是在醇亲王府生的吗，哪来的还回哪去啊！

溥仪带着家眷被打回醇亲王府住着去了，没办法，也不敢吭气儿。

这时候大清国彻底的完了，那溥仪如果还拿自己当个皇帝的话，那未免有点滑天下之大稽了。

老百姓讲话：你拿你自个儿当根儿葱，人家谁拿你“炝锅儿”啊！

溥仪要是想趁着这个机会接着选择找自己当年的老师庄士敦，去英国留学呢？

还不行！

为什么呀，自己现在都混成这样儿啦，从皇帝降了N等当个留学生都不行？

就是不行，人家英国说了，有你怕影响中英关系！

---

① 冯玉祥（1882.11.6—1948.9.1），原名冯基善，字焕章，祖籍安徽巢县（今安徽省巢湖市居巢区夏阁镇竹柯村）人，寄籍河北保定。民国时期著名军阀、军事家、爱国将领、著名民主人士。

冯玉祥将军是一位从旧军人转变而成的坚定的民主主义战士；虽然和所有的历史人物一样，由于政治视野的局限，在他身上不可避免地存在这样那样的缺陷，但是，瑕不掩瑜，冯玉祥将军为中国民主事业的贡献，将是永垂不朽的。（周恩来）

溥仪心说你们仗着有点先进的科学技术还真拿自己当回事啦？中英关系自打鸦片战争以来就没好过！你们以为我不知道这个？还扯什么呀。

不去就不去，英国不接纳溥仪，巧了吧，这时候，倒有人看上溥仪了。

谁呀？

就是那个自古以来身处亚欧板块和太平洋板块交接缝儿里，多火山多地震，国家版图长得跟根儿“油条”似的那个大日本帝国！

日本帝国一直觊觎中国大片领土，尤其是东北地区，物产丰富，人口众多。

物产的丰富可以弥补日本本国资源的匮乏，人口众多可以作为劳动力，就不用日本本国的人了。

对于东北，在中国的当时，仍然被看做是清朝的龙兴之地，尤其是满人，对溥仪来讲就更是重要非常。

日本人如若争取到溥仪的支持，实际上没什么用。但是对于东北一带来讲，大家是欢迎溥仪呢，还是欢迎东洋来的日本人呢？

这个问题似乎不用问了吧，肯定是溥仪呀，所以日本人认为争取到溥仪这个人，是最理想的。

于是，那些人连哄带骗，算是把溥仪给忽悠住了，说我们大日本帝国要帮助阁下建立一个新国家，到时候您当皇帝什么的。

听得溥仪可太爽了，当皇帝！想不到我还能当皇帝！

能不答应吗，答应！

既然都答应了，那您就别住这儿啦，先到天津暂住一段，之后另行安排吧。

溥仪住到了天津日租界的宫岛街。

这时候溥仪也带着这些原来他当皇帝时候运出来的那些国宝，好几大箱子，他日后也是，走到哪带到哪，这些东西倒是跟他形影不离。

溥仪老觉得，日本人原先承诺说在东北建立的新帝国是大清国的延续，而实际上满不是那么回事，日本人建立清朝干吗呀，他们是建立自己的殖民统治，跟清朝压根儿就没关系，溥仪老愿意把这两件事往一块堆儿凑合。

1931年，溥仪乘坐“淡路丸”号商轮北上抵达沈阳。

也就在“九一八”事变的同一年，1931年，日本那个“伪满洲国”的傀儡政权也酝酿得差不多了。

第二年，这个所谓“国家”正式宣告诞生，溥仪果然担任皇帝一职，但是，这个皇帝没有任何实权，就是每天早上在自己的办公室里等着吉冈安直推门进来，大模大样地传达一下一天的精神，然后溥仪点头同意，走个形式。日本这个国家那时候受军国主义思潮影响，巨爱侵略扩张，为什么呀，你还真不能太怨他们了，着实也是被逼无奈，就巴掌大块地方，大大小小的地震，时间长了倒也能习惯，关键是资源匮乏你受不了啊，除了鱼以外，就是矿产，就森林面积大还舍不得砍。

所以，日本人见面第一句话准是：“がんばりましょう”！翻译成中文就仨字儿：努力吧！

就好像咱们老北京人一见面爱说：“吃了吗！”一样，早年间这句话极其普遍，你在厕所正蹲坑呢，碰见熟人儿了他也冲你这句：“吃了吗?!”

日本人也一样，见面，分手，头一句：“努力吧！”对方也得坚定地点点头回一句：“努力吧！”

哪怕还是在厕所，日本人也是：努力吧！

• 溥仪在伪“满洲国”

这个皇帝没有任何实权，就是每天早上在自己的办公室里等着吉冈安直推门进来，大模大样地传达一下一天的精神，然后溥仪点头同意，走个形式。

• **溥仪明信片**

小皇帝在外国人笔下比照片上好看，这跟画家自己的主观处理和艺术加工有关。实际，溥仪随着年龄的增长，变得越来越“不上相”了。到了最后，相片上的溥仪一脸苦相，丝毫看不出一点王气了，倒有几分像厂职工宿舍大院看大门的大爷。

上个厕所努力个什么劲儿啊。

主要是不努力不行啊，不努力就真吃不上饭了。

这不，1923年，9月1日这天，日本关东一代发生7.9级强震，主要震区包括东京、神奈川、千叶、静冈、山梨等地，死亡约148800人，另外有约200万人流离失所，为日本财政造成了65亿日元的损失。

这件事儿对日本政府触动可太大了，日本政府都没安全感了，深感自己这国家太脆弱了，谁知道什么时候再来这么一回呀，有一回就受不了啦，不行，得赶紧找一块安全的地方去，不能老在这“危房”里住着，不然哪天非得给埋在里面不成。

遂，赶紧召开大会，大家讨论一下关于寻找“安全地带”的办法。

日本首相田中义一发言，中国可太好了，离咱们又近，资源又丰富，咱们正好把他们征服了，多了不敢说，亚洲这块咱们是稳拿了。想征服世界的话，中国是第一关，想征服中国，满蒙地区是第一关。

照着田中阁下的意见，日本人为什么要先在我国东北下手，就很明白了。

可是如果中国就一个东北大，那很可能就全部沦陷了，关键是中国的面积不知道有多少个东三省那么大。所以，日本人占领东北又要占领华北，占领华北又要占领华南……他们都匀不出那么多人口儿来，日本人估计该纳闷儿了，我们大日本皇国军队在中国进深得不少了，怎么占领来占领去连一半儿都没到呢！

时间一长，日本就吃不住劲了，都不用我们最后全线反攻，日本人自己先喊停了，不玩了，这东西没法弄，一边顾着太平洋一边还得顾着大片中国领土？自己国家内部在关键时刻还掉链子，好么秧的白挨两颗原子弹，得嘞，拜拜了您呐。

日本人他就撤了！

整个抗战让我三言两语给带过去了，咱们就是简单交代一下背景，历史不作为重点，但是不提又不行，所以咱们就此打住。

再说溥仪。

日本人要撤出东北，溥仪怎么办，他这名义上的“皇帝”还当不当了？

随着日本的战败，“伪满洲国”都吹了，您这“皇帝”管谁去呀！

按说日本人完全可以把溥仪给扔下，自己撤退要紧，但是苏联红军在中国边境上重兵驻守，只要是活物想出去，不经过他们是没戏了。

可是日本人还要撤，可怎么办呢？

于是日、苏两个国家这时候做了一笔交易，本来一个是轴心国，一个是同盟国，这俩国家有什么可交易的，哎，您还真别把那时候的苏联想得忒正义喽，它可算不上什么省油的灯！

日军如果把溥仪当成战犯抓走的话呢，算是苏联擒贼擒王，首犯必办，胁从不问，日军可以放回去，溥仪得给带走，溥仪哪是“首犯”呐，他整个一冤大头啊。

就这么稀里糊涂地让日本人倒给苏联人了。

故事到了最关键的部分了。

就在溥仪随着日军撤退的时候，经过临江县一个叫大栗子沟的地方，大部队必须在那稍微停留几日。

大栗子沟，原来这里的河边有一块大石头，长得跟个栗子似的，所以就有人给这么取名儿。

这地方偏僻得不行，溥仪一行人就在这驻足了，溥仪还随身带着大批的财宝呢，好不容易刚刚安放在行宫之内，来通知了，赶紧撤！刻不容缓！

溥仪心说我这刚收拾好，等我把那些字画什么的打个包……

打什么包呀，赶紧走吧，来不及啦！一会儿苏联红军追来麻烦了!!

边上人一个劲儿地催。

溥仪顺手抓了两个箱子塞上飞机，飞机在空中绕了俩圈儿又下来了，起得猛，忘加油了。

就在这个当口，苏联军队赶上来了，给溥仪从飞机上薅（hāo）下来了。

日本人这一套基本上都算计好了，就为把溥仪交给苏联，关东军好回国投降去，那意思说：这事儿别赖我们啊，这都是那小分头、戴一圆眼镜那哥们儿（指溥仪）干的，丫是皇帝，跟我们可没关系啊。

紧着往外择自己。

苏联人把溥仪押走以后，大栗子沟留守的“伪满洲国皇家卫队”可有了事儿干了，都知道溥仪身边带着一箱一箱的宝贝，没来得及拿走，走了一路已经丢了一路了，看看现在还剩多少吧。

那帮兵痞、军官、当地的村民，知道的不知道的，跟着凑热闹的“呼啦抄”一窝蜂奔着溥仪那点来不及带走的东西，既如长江流水，又似风卷残云，很快，这些国宝被他们分散到了东北各地。

有的转手卖钱，有的自己留着家藏，时间一长，这些东西在东北一代扩散开了，乱七八糟什么都有，但是有一点共同的，就是全都来自前清的宫廷。

这些下落不明的文物，统称为“东北货”。

而据现在不完全统计，已经落实名目归属的“东北货”在美国纽约大都会博物馆有 17 件，普林斯顿大学图书馆有 7 件，堪萨斯纳尔逊博物馆有 10 件，克利夫兰博物馆有 5 件，波士顿博物馆有 6 件……

接下来的故事发生在琉璃厂，这是北京一条非常古老且有名的文化街。清代诗人吴梅村（吴伟业）有一首赞美七绝，曰：

琉璃旧厂虎房西，月斧修成五色泥。

遍插御花安凤吻，绛绳扶上广寒梯。

原来这个地方属于穷乡僻壤，元明两朝，这里开窑烧制宫廷专用的琉璃瓦件，因而得名。后来逐渐扩展到了窑厂的外围，开始繁荣起来，遂陆陆续续有很多古玩铺在这里开业，人越聚越多。

做古玩生意可能不像一般的买卖那样稳定，他们经常会大起大落，有可能一年都没有买卖，也可能突然做了一号生意就能把这一年的都挣回来。这叫“三年不开业，开业顶三年”。

现在，您出了宣武区和平门外，就是琉璃厂，而如今把东、西琉璃厂都算上，已经不单单指早先的那些街道了，几乎变成了一个广泛的地域概念。您如果这时候再去那个地方逛，揪一个当地居民一问：“劳驾，请问琉璃厂怎么走?”人家则会告诉你：“这一片儿全是!”

1953年春，这一日傍晚时分，宝古斋老板邱震生见整条街上人开始稀少，各个店面该关门的关门，该上板儿的上板儿，自己也吩咐伙计，咱也歇业吧。

邱震生准备回房“穿柜”去。什么叫“穿柜”呀，这个词儿现在用得不多了，就是把这一天的买进卖出，买了什么古董，卖了多少钱，算算账。

这刚拿起算盘，由打外边走进来一个人，邱掌柜一抬头，瞧来人了，心里头不愿意，我叫伙计关门儿了，怎么还往里放人呐，可是这时候又不能说伙计，要不然得罪主顾。

嗨，心说来的都是客，花一块钱买东西人也是你的财神爷啊，里边请吧。

邱掌柜稍微打量了一下这人，约么有个五十岁左右的一老头。

满脸黝黑，脸上皱纹堆垒，那皱纹好家伙，千沟万壑呀，若有一苍蝇落在脸上，老头一乐能给苍蝇活活夹死。

一脸的滋泥，像是个庄稼汉的样子。

这时候邱掌柜有点不高兴了，心想你这模样的能有多少钱买古玩呢。

再一看身上的穿着打扮，更好了。春夏之交的天气，穿一件大厚棉袄，裹着好几圈线围脖儿。

邱掌柜心说，天儿不冷可怎么穿的那么多呀？

邱掌柜道：“您请坐。”叫伙计“瑞生！麻利儿沏壶茶来！”说着给伙计瑞生做了一个手势，意思是：沏壶高碎[1]就得了，反正这老头也喝不出个好坏来。

不一会儿，茶得了，这老头提鼻子一闻，说话了：“干哈（啥）呀？你们就这样式儿地招待银儿（人）是咋地呀？整壶破高碎就给俺打发了？”

邱掌柜一听嚯家伙，这哥们儿怎么跟小沈阳一老家的？一嘴东北味儿啊，敢情是位关外的大爷呀。

“成成成，恕我眼拙，瑞生，换，给这位老先生换铁观音。”

“得了得了，蹩（别）折腾了，俺来你这疙瘩又不是为蹭茶喝的，问你啊，俺家里有好宝贝，你们这收不收？”

邱掌柜一愣神，“好宝贝”？见天儿有人跟我耳朵边上说家里有好宝贝，结果全是打眼货，今儿个你又给我来这套，穿件儿“武汉大学”的衣服就牛啦？装成东北人就能给我忽悠了？你也太小瞧我邱爷的道行了。

邱掌柜道：“成，您有好宝贝呀，那就不妨说来听听，要是成的话呢，我们自然是收了。”

拿话先探探，看看这主儿到底想怎么着。

老头道：“俺家里存着名银（名人）字画好几大幅呐，你想这玩意跟家里不能吃不能喝的，留它干啥呀，我寻思上北京来找你们搞古玩的，给出手了就得了，换俩钱儿使唤使唤。”

“哦，那这么说您现在不住北京？”

“可不咋地！这地方有啥好的，守着俺们东北黑土地，傻子才住北京呢！”

给邱爷气的！心说你这人会聊天儿吗，合着我们住北京的全是傻子？

---

① 茶叶店筛茶叶筛出来的那些茶叶碎末，也就是那些“下脚料”，老北京俗称高碎，穷人没钱买茶，茶叶店老板为了废物利用，把这些没用的“下脚料”便宜卖给穷人。所以这是很次级的一种茶叶，冲泡之后沉淀到杯底像细碎的沙土，故又称之为“土末儿”。

邱爷没脾气啊：“得得，东北好，东北好，那您是东北哪‘疙瘩’的呀？”

这时候老头把脑袋往前一探，两眼贼不溜秋地往四周环顾了一下，低低的声音说：“俺是打通化大栗子沟来的！”

邱掌柜一听，大栗子沟？好地方啊，当年自己在虹光阁学徒20余载，对于一些特别的人名地名极为敏感，像“大栗子沟”这四个字，自己条件反射性地想到“溥仪”，“东北货”。

也正是因为自己接触这行业20余载，有一点邱爷心里也明镜儿似的，买古玩最讨厌的就是听故事，听对方一面之词，你说大栗子沟就是大栗子沟啦？我总不能说你把身份证掏出来我看看吧。

这时候，那位关外的大爷从怀里掏出一张纸来，皱皱巴巴的，上面写着他们家都有些什么字画，交给邱掌柜看。

邱掌柜接过来，也没怎么细看，就看见一串名目，最下面有联系人，姓王，地址什么的，往桌上一搁。

“咋样？都是好东西，你们就收了吧！”老汉道。

“成，我看了，东西还不错，可是你这联系地址在东北呀，我们还得跑一趟？你们在北京有现货没有，我们也好看看实物啊。”邱震生道。

“啊？北京可没有，全搁东北呢，你说要不就要了完了呗，还看啥货呀，东西指定错不了，你要收就跟俺上东北不就完了。”

“那这样吧，过两天我们这边会来一个书画方面的专家，我去问问他，如果行的话到时候我们自己顺着你这个条儿留下的地址找你们。”

“那也行，你们回头可来啊。”

“你放心吧，回去踏踏实实的，到时候我们就去。”

“那成了，话跟你说了我就踏实了，那啥，我先回了，别送啊，都别送啊！”说着自己退出了门去。

“没人要送你呀，瑞生，过来！”

“掌柜的您吩咐？”

“以后这人别往里带啊，白耽误功夫，好不容易给他打发走了，我还得接着回里屋穿我的柜去，你把他那杯高碎给倒了吧，没人儿喝。”

• 《浴马图》局部
赵孟頫 绢本设色 纵 28.1 厘米，横 155.5 厘米 现藏于北京故宫博物院

“得嘞……哎？邱掌柜，那杯茶他给喝完了！”

“没见他喝呀，动作真够快的，那把茶壶里的倒了吧。”

“得嘞……唉！邱掌柜，茶壶里也空啦！”

几日以后。

徐邦达先生逛琉璃厂古玩街，每每走到宝古斋的门脸前，他总要进去转转，看看，不买东西也得跟掌柜的聊几句，老朋友了。

徐邦达既从事美术创作，又从事艺术品鉴定。

他师从著名鉴赏家吴湖帆老先生，新中国成立后于故宫博物院担任研究员，眼力卓著，被誉为“国眼”。因为鉴定字画无需展卷至尾，只需打开一部分便可判断，故人送外号“徐半尺”，在中国乃至海外均有极高声誉。

这回邱掌柜一看是徐先生来了，远接高迎出来了，寒暄几句之后让进屋里，沏上茶，俩人就聊了起来。

徐邦达见桌上放着一张纸，皱皱巴巴的，上面写了一串字，看了一会儿，他面露惊讶之色。

“邱掌柜，您这桌子上的条儿是？”

“嗨，你不说我还忘了，头天就说扔了，这两天一忙乎给忘了，没事，那天来一主儿，非说要卖字画，给了我一单子，写着他们家藏的字画的名字，我就给扔桌上了。”

“这上边写的都是他们家藏的?”

“嗨，徐先生您怎么了您，这哪能是真的呀，甭说全是了，有一样是真的，他都不能是上回来那模样。”

“哎，邱掌柜，此言差矣，常言道人不可貌相啊，从地址上看，跟上面写的书画名称很相符啊，这些都很可能是当年溥仪被抓往苏联之前遗留在当地的东西。”

“说实话，论起书画鉴定来，我可没您懂，您是真行家呀，按说我不应该驳您，但您是没看见那东北农民，挺暖和天儿一身大棉袄捂着，一身的埋汰，怎么看怎么不像家里趁字画的。”

“嗨，若是东北来的穿个棉袄也正常，他们那地方这会儿还冷呢，这说明他这回是专程来北京找买主的，衣服还没来得及换呢。主要我是看见这名单里面有赵孟頫的《水村图》，可以说，满篇的字画，我都可以不信，但是就单凭这幅《水村图》，我宁可信其有!”

• **《二羊图》赵孟頫**

赵孟頫书画双绝，可能学书法的人对他的“书”了解很多，对他的“画儿”却很少研究。他的《人马图》、《浴马图》等等都画得非常好，很有他个人的风格，在宋元绘画史上挺有特点的。此外，赵孟頫的画比起一般的风景画来，有点像“静物”画，他特别擅长描画一些具体的事物，比如人或马，《幽篁戴胜图》中的鸟类等等。明末李日华针对他的《二羊图》评论说：子昂（赵孟頫的字）肖物之妙，无所不造其极，此二羝乃其偶作，而宛然致人于黄沙白草间，评者纷纷征苏卿事，我恐此妙趣正复当面蹉过也，吾深叹其亡羊。

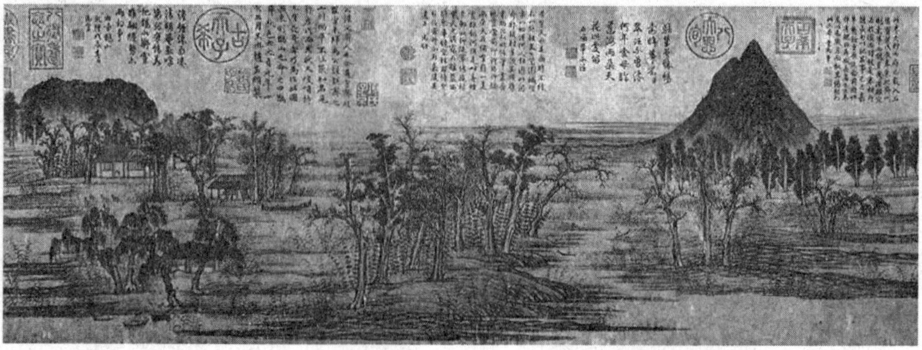

• **《鹊华秋色图》赵孟頫**

纸本设色 纵 28.4 厘米，横 90.2 厘米 现藏于台北故宫博物院

“您这么确定?”

“还不一定，但是如若真能购得该卷，就算是跑一趟东北通化，成不成的搁一边，单单为了《水村图》，也值了!”徐邦达正经而严肃地说道。

当晚，徐邦达回到家中，给当时古董界的另一位“伟大”的人物郑振铎打电话。

郑振铎是当时国家文物局局长，在之前的章节里说过他，这次，电话里徐邦达说如果能够把这幅《水村图》收回来，那么国家收集散逸文物的工作就又有了一份进展。

当时郑振铎不也正在干这件事儿呢吗，咱们以前讲过，郑振铎托付古玩界的朋友各处走动，打听国宝下落，并且一有消息，立刻告诉他，好着手收购。

之前讲过的《韩熙载夜宴图》也是这么从张大千那儿收回来的。

郑振铎给大栗子沟所属的吉林省文物局下命令，派一收购人员前往某某地址，找到那位姓王的联系人，完成收回《水村图》的工作。

吉林文物局满应满许，撂下电话就派出一个人去了，上午出去的，晚上天还没擦黑呢就回来了，兴高采烈，带回来一个卷册，封口处贴着标签儿，上写六个大字：赵孟頫，水村图。

吉林文物局赶紧把这幅卷轴送到北京，先交到郑振铎的手里，再由徐邦达验查。

徐邦达人称“徐半尺”，甭管这幅画多长，展卷半尺，徐邦达便能知真伪。

这幅刚收上来的画已经全部铺开了，本来也不长，徐邦达上眼观瞧，越瞅越别扭，感觉无论是笔法、题字还是盖章都跟赵孟頫的不一样，这明显不是那么回事啊，作伪的！

而且这幅假画貌似还不是那种掩人耳目的乱真仿品，是那种就为让你看出来的气人的玩意儿，都假到姥姥家去了。

徐邦达说吉林文物局怎么干活这么糙啊，收一幅画收假了不说，而且还假得“邪性”，这事弄得连郑振铎带吉林文物局局长在内都很跌份。

后来吉林文物局局长就问那采购员：“你买的时候没长眼看呀？”

那个还余兴未消：“看了呀，我看着挺对的，我到那跟人一说我是吉林文物局的，特来收你们家的《水村图》，人家特高兴，当即就给我拿出来了，200 块钱成交，收回文物，抄上了。”

“你说你是文物局来的人，人能给你真货吗？人以为咱们要无偿收购呢！他们那帮人能有什么觉悟啊，懂啥叫奉献吗——唉，都没法说你。还有你也是，这画你没打开看吗？”

“看了。”

“看了你看不出来这画有问题吗？”

“没看出来。”

手上没毛，办事不牢，徐邦达对吉林省的人放心不下，还是亲自出马吧，叫上一位北京古玩行里专门收藏字画的朋友，带上钱，一块坐火车去大栗子沟。①

一天多的路上颠簸，窗外的景色是越来越荒，徐邦达心里有数了，行，说明快到了。

一下火车，徐邦达和朋友顿觉温度骤降，幸亏带衣服来了，要不然半路非给冻回去，赶紧走起来吧，走起来就不冷了。

---

① 在古玩收藏界中，古玩商为了取得某样东西，需要到乡村或藏宝人所在的地方征集藏品，术语称为“上货”。在文中，徐邦达带着朋友到大栗子沟去找老人求购《水村图》不是以古玩商的名义，所以不应属于这一类情况。

俩人直奔地址而去。

找到一个小村落，地上是土路，两边荒草，石头胡乱堆成院墙的样子，院外有狗，院里有鸡，就是不见人出来。

他们俩往里间屋去了，越走里面越黑，房子背阴儿啊，也不开灯，摸了半天，太好了，摸着门了，刚要敲，门是开的，顺手一推，里面炕上坐着一老头，五十多岁，穿一身棉袄，皮肤黝黑，一脸的油泥儿，徐邦达立刻就回想起上回在宝古斋邱震生给形容的那农民来了，一点都不差钱，还真是这模样啊。

那老汉说话了："哎？你们？干啥玩意儿？"

徐邦达道："哦，老先生，我是宝古斋的伙计，带着京城里一位收藏字画的藏家，顺着您在宝古斋留下的条子找来的，买您的画的！"

老汉笑了："哦！想起来了，上回北京那家古董铺子吧，忘不了，哎呀你们那茶还挺好喝，喝完我这个尿啊，满世界找厕所……"

"那个咱们还是谈谈字画的事儿吧。"徐邦达怕他打岔，率先切入正题。

老汉道："唉，字画啊，还说呢，就前几天儿，来一男的也是要买画，一打听文物局的！我寻思这家伙要是国家来人弄不好俺家里这些东西不都得无偿捐赠啦！索性我就整张假的给打发走了，里外里还落200块钱。"言罢他的脸上露出狡黠的笑容，脸上的皱纹更是明显了。

徐邦达心说还真是这么回事啊，看来我们别重蹈覆辙，就一口认定是宝古斋来的人，私自收购国宝的，打消老头的戒心。

"啊，那什么，我们是诚心来买画的，而且主要就是您单子上写的那幅《水村图》，您看看，是不是拿出来我们瞅瞅？"徐邦达道。

"唉，不忙，那着啥急呀，先坐，坐，大老远来的，魅（没）吃东西呢吧，赶上俺家就一块吃呗！那啥！把院里鸡杀一只，来个小鸡儿炖蘑菇！咱哥儿仨再好好整两盅，挂点儿小酒儿。咋地？"

徐邦达和朋友面面相觑，这是要吊着咱呀，这老家伙还不少鬼心思，都说乡下人淳朴，怎么没瞧出来啊！

成吧，既来之则安之，三人就座了，吃就吃呗，不吃白不吃。

几盅酒下肚以后，这老头舌头有点木。

舌头木了，话可不减，非但不减，还更能说了："俺给、给你们讲讲俺、俺这一、一辈子，从哪说起呐？啊就、啊就、就从我一、一、一岁那年开讲吧，那年我娘刚、刚生完我……"

嚯，这就西瓜皮擦屁股——没结没完了。

太阳西斜，天都快黑了，再听这屋里，老头还那儿白话呢："后来到我、我、六岁那年啊，那、那年……"

徐邦达一听这可了不得，他得有五十多岁了，这辈子得有多少事儿啊，这半天可还没到十岁呐，这要讲完了得等哪辈子去？

天都黑了，今天是回不去了。

赶忙拦住老头："哎！唉！您打住，stop！以后有机会我请您上北京，我们宝古斋腾出一礼拜时间歇业，专听您讲故事，您看您今天能不能歇会儿，把画儿拿出来瞧瞧吧，我们这还有正差儿（正经事）呐！一指旁边这朋友，这位先生明天就得赶回北京了，所以咱们还是抓紧。"

老头一拍脑袋："嗨！刚才光顾说了，你们来干吗都忘了！我当你们专门来陪我唠嗑的呢！"

徐邦达这个气呀，心说我们吃饱了撑的大老远陪你唠嗑来。

不一会儿，老头从里间屋转出来，手拿这幅《水村图》，点上两盏灯，展开画卷，看画心切，老头、徐邦达、古董商仨人脑袋差点撞一块儿。

老头不懂，徐邦达和那位朋友可是高人，一看，大开门儿[①]，很明显，这幅画是"开门儿真"，跟上一幅吉林省花200块钱买的"开门儿假"正好相反。

徐邦达和朋友对了个眼神儿，意思是没问题，晚上尽管光线不好，看不真着，但是基本上已经没问题了。

"你说多少钱吧。"

① 在收藏术语中，"开门"往往指真货被一眼看出，十分明显，称之为"大开门儿"，开门货理论上有真开门，有假开门，但是往往对于假货，我们则更干脆地称为"大假活"。

老汉道："这家伙，怎么也得——一万块钱吧！"

"五千！"徐邦达道。

"哪啊就五千，您这一下一半儿没咧！"

"我们专程来就是一定要买这幅画的，所以价格上咱们得好好商量，这样，大家彼此都不容易，也别太较劲，六千就成交吧。"徐邦达道，这时候古董商朋友也站在徐邦达一边，说六千就不少了，可以成交了。

老头讲话低于九千不卖，这画是传家宝，我爷爷那辈儿传给我的！

徐邦达心说这画儿出宫拢共才几年啊，您爷爷岁数估计比光绪都大了，上哪传去呀，这样，也别太奸猾，要不然不好成交，算了，就给他八千块钱，死活不能让他再往上涨了。

"八千，一口价，我觉得不亏你了。"徐邦达表现出前所未有的坚决。

老头心里此时此刻已经成交了，其实这时候徐邦达如果用同样的态度说七千，结果也是成交。

老头就是想多赚点儿。

"得了，八千就八千吧，瞅你们大老远来的也不容易。那啥，我里屋还有不少呢，你们一块看看？"

老汉怀里抱着一笸箩卷轴，一一展开之后徐邦达大失所望，同时又钦佩自己的眼力刁钻，如若不是冲着《水村图》来的，那这一趟一准儿是白跑了，那些字画没一件儿是上品，要么是作伪的，要么是不具有文物价值的。

所以可想这位老汉的东西不是一拨儿来的，《水村图》是一拨，那些东西又是另一种渠道弄来的，而且上次骗吉林省采购员的那幅假画，估计也是从这里头抽出来的一幅。

转过天来，老汉和徐邦达以八千元成交。

这幅元代赵孟頫的《水村图》真迹，被带回北京，中央文物局加价二成收归国有。

就此，被国家征集上来的民间国宝里，又多了《水村图》这样一件"东北货"。

• 1993 年嘉德拍卖，大伙悠着点儿，闪远点儿，徐老先生这一锤可要定乾坤啦！

赵孟頫把他书法上的成就，运用到绘画的笔墨上去，加上他的写实根基，就自然形成前人（无论是院体还是文人画家）所没有的一种时代意趣和极强的表现能力。赵孟頫主张以造化为师，重视现实的真实，重视存在对象的内在实质，注意它们神态所外化的形，讲究画家的素养，要求艺术形式的表现有合理的抒情外化能力，反对要弄技巧、习气所造成的写真或写意的形式化，这些见地对元代绘画的发展影响极大，在士大夫阶层中造成了一种求实的归真返璞的气候。①

① 郑为著：《中国绘画史》，北京出版社 2005 年 5 月第 1 版。

特别注明：本节故事关于情节、人物及语言对话描写，均为以真实故事为基准的改编创作，因此与事实有所出入。一切虚构只为情节所需，别无他意，特此声明，晚生斗胆，望徐孚尹老先生海涵。

第十章

一衣带水的企盼

——富春山居图（上篇）

• **《富春山居图·无用师卷》**

尺幅：纵 33 厘米，横 636.9 厘米 现藏于台北故宫博物院

看到一水相隔的《富春山居图》两幅，我总能想到余光中的那首《乡愁》，现在，就是这一湾浅浅的海峡，《剩山卷》在这头，《无用师卷》在那头……

可是一直以来，让我们郁闷的是：都是《富春山居图》，凭啥咱们这边这幅《剩山卷》这么短，那幅那么长，完全不成比例嘛……

既然讲书、画，那么我想起中国书法名帖当中应当首推王羲之的《兰亭序》，号称千古行书第一帖呀，那了得吗，其次是颜真卿的《祭侄文稿》，这俩称得上是中国书法的老大老二。

书推《兰亭》，那么绘画之中，也有“兰亭”。

怎么呢？

天下有这么一幅画，被人称之为“画中兰亭”，无愧于中国山水画作之魁首也，哎，就是咱们今儿要说的这幅，元代黄公望的《富春山居图》。

有人可能想问问，具体说这幅画的“兰亭”美名是怎么来的？我也不妨提一句，这是打清代一位画家邹之麟的一段题词那儿来的，原话是这么说的：“知者论子久（《富春山居图》作者）画，书中之右军（王羲之）也，圣矣，至若《富春山居图》，笔端变化鼓舞，又右军之《兰亭》也，圣而神矣。”

瞧见了么，清人对这幅画的评价，不仅“圣”，而且还“神”了，这是多高的赞誉。

不过说到流传有绪，这幅山水长卷，它的经历真可谓是一波三折，估计三折都不止了，怎么也得五折，不，得八折！算了，八五折！打八五折优惠卖你了。

嗨！敢情跑这儿卖东西来了。

告诉您吧，多少钱都不卖！《富春山居图》是国宝，归国家、人民所有。

当然了，这是现在，搁到过去，这幅画就不那么安全了。

有多少人惦记，有多少人造假欺世，已经不可查数，不过就现在有记载的，学界公认的，这幅画从它诞生之日算起，一直到今天，海峡两岸一水相隔，这六百多年间，围绕着它所发生过的故事，真是一言难尽了。

故事再长也得有个头儿啊，从哪儿牵这话头啊，就从这作者黄公望说起吧。

黄公望，你说他姓什么？

您该问了，不是你有毛病就是我有毛病，吃错了药啦！姓什么，姓黄啊，你不都说了吗，黄公望黄公望的，不姓黄还能姓“绿”？

哎？有姓绿的吗！

不是，您没明白，别看人家都这么叫他，黄公望，你要真觉得他姓黄，叫公望，那就错了。

您还记得古时候有这么一位姜太公吗？人们管他叫什么？叫太公望，他姓太，叫公望吗，不是吧，人家有名字，姜尚姜子牙，人称姜太公。

今天咱们这位也是一样，人称太公，太公二字他们俩一样，这里面还有一个巧合，怎么回事？我说说你听听。

在想当初。

元代的时候，有这么一个孩子，姓陆名坚，家住平江常熟。

打小的时候挺困苦，父母都没有了，但是孩子挺聪明伶俐，招人喜欢。

后来有个老头叫黄乐，看他挺可怜，又挺可爱，再加上老头年事已高，膝下无儿，看着小陆坚是越看越爱啊，就有心把他给留下，认做义子干儿！

于是老头就对陆坚说：“我黄公望子久矣！”那意思，我老头一辈子没儿子，今儿个看见你了，就如同看见我的亲生儿子一样，打那儿以后，陆坚过继给黄公作为养子，本来自己就已无父无母，这样挺好。

从此改名换姓，照着自己养父的那句话“黄公望子久矣”，打当间儿给切开。

黄公望是自己的名，子久是自己的字，最后那个“矣”就别要了，怎么呢，名额够了，没排上它。

非加它进去的话名字就变四个字儿啦，叫“黄公望子”字“久矣”？不合遥情（即不合理）了。

您瞧，黄公望的名字就是这么来的，用今天的话说就是“被黄公望”了。不是本名。

“太公望”这名字也是这么来的。

西伯看见姜子牙是一见如故两眼放光，激动了半天浑身哆里哆嗦说了这么一句话："自吾先君太公曰'当有圣人适周，周以兴'。子真是邪？吾太公望子久矣。"（《史记·齐太公世家》）

那意思：我的先君太公告诉我当今有一位圣人，能让周兴旺起来，就是您吧！我太公盼着您可有了不少日子啦！

故，"太公望"亦是取自于"太公望子久矣"这句话。

二者不谋而合。

按照当时人们走仕途的那一套程序，黄公望到了年龄也得考试去。

问题就出来了，生不逢时啊，我们这位黄大爷要是早生个一百来年，那绝对是飞黄腾达的路子，自幼天资聪颖又勤奋好学。

在前朝宋代，这种人是最吃香的了，只可惜，元朝人轻视汉人，汉人考科举录取系数相对较低。

按当时的社会等级划分来说，汉人属于第三等级，上边还有蒙古人和色目人两等，蒙古人自不容解释，色目人可不是有色眼珠，没有满大街跑波斯猫的，"色目"是指形形色色的人种，过去我们叫做"胡人"，在汉政权的时候胡人比我们低，元代时候整掉一个儿，我们跑他们底下去了。

如果说黄公望是汉人，倒也罢了，关键的关键，他属于比汉人还低一等的南人，原南宋地盘的汉人，你想啊，老家在浙江啊。

南人地位最低，权利最小。

所以尽管黄公望成绩不差，但是也得从基层干起，先当个小吏，没办法，南人嘛，上哪说理去。

过去官分两种，一种叫官，一种叫吏。

吏就不入流了，官还分个品级什么的。

吏相当于什么呢，我一说您就明白了，《西游记》里头孙悟空在天庭当个弼马温，他老问自己的手下人这弼马温是几品官啊，为什么底下人不爱告诉他呢，这玩意儿没法说，因为这东西根本就没品。

一破养马的，怎么说呀，结果怎么样，人家猴子急了吧。

黄公望倒是没急，自己刚出道，踏踏实实干吧，干好本职工作迟早是要受到上级领导赏识的嘛！

嗯，他自己个儿倒想得挺开。

可是光他自己想得开没用啊，你不找麻烦，人家麻烦来找你，所以说人要赶上倒了霉你拦都拦不住！喝水塞牙、打嗑分扭腰，晚上放屁能把脚后跟崩了。

就这么倒霉。

话说黄公望在御史台下属的都察院做一名书吏，干的是基层办事员的活，见天儿的给记个账目啊，管管田粮啊，传个话儿伍的，等等乱七八糟的破事儿吧。

整天累得要死还得看上司脸色，混口饭吃着实不易呀。

后来到了皇庆元年（1312 年）的五月，因为工作上勤勤恳恳，他被调到了中书省平章政事张闾的部门做中台察使院椽吏。

张闾这人偏偏就不是个善茬儿，要不说黄大爷跟了他算倒了八辈子血霉了呢。

打早年的时候人家就弹劾过张闾的贪污腐败，但是朝廷也没太深追究。

事儿，虽然没深究，但是这前科可算是落下了。

时隔多年以后，又出了一档子事。

也就是黄公望调任的两年之后，朝廷给张闾一任务，让他“经理江南田粮”，张闾觉得这是一单买卖儿，江南那地方好啊，物产丰富，人杰地灵，上有天堂下有苏杭的，不赚白不赚。

所以，张闾到了当地是打着朝廷的旗号大肆地刮地皮和勾结当地官员赚取私利。

历史记载是“贪刻用事，富民黠吏，并缘为奸……人不聊生，盗贼并起。”（《元史·食货志》及《元史·仁宗本纪》）

朝廷知道这事以后觉得娄子捅大了，没办法，不办了这姓张的不足以平民愤，本来元朝的统治打根儿上就不稳定，张闾结果是犯罪下狱，随从人员也要负连带的责任！

黄公望是给张闾当文员，记账目的，张闾贪污腐败他这个当秘书的一定有连带责任，一笔一笔的账都是你给记的呀，甭废话，张闾有罪你也干净不了，哥儿俩好，索性一块进监狱吧。

具体到黄公望有多少是被冤枉的，有多少是由于身不由己，这个扯不清了，咱们也没法把几百年的案子再翻腾出来，所以这里咱们一带而过。

若干年后，黄公望出狱了。

这几年给他折腾得够呛，本来是心怀高远，踌躇满志，想靠着自己的才干闯出一片春天来，结果也不知怎么稀里糊涂地靠着自己的才干闯到大狱里去了，这不倒霉催的吗。

好好反思反思吧，坎坷的人生和不得志的失意给黄公望的精神蒙上了一抹灰色。

他开始研究《易经》，研究命运。

起初是想从这部经典中找找自己为什么是这个命，结果他《易经》看多了之后倒出去绕世界给别人算命去了，见人就爱让人伸手，看个手相伍的。

但是长久以来这也不是个办法儿啊。

难道说我黄某人今生此世真就与官场无缘吗！

有首唐诗说得好啊：天上下雨地上滑，自己跌倒自己爬。一夜思量千条路，明朝依旧卖豆腐。不信神，不信鬼，只信自己胳膊腿！

看到这儿估计您拍我一板砖的心都有了吧，你什么文化呀，你们家管这叫唐诗啊。

您看，我脑子一乱说错了不是，抱歉，刚才讲错了啊，不是唐诗。

这是宋词。

这也不对呀！

呵呵，一说一乐，转转气氛，老几位别介意，咱们还是书归正传。

黄公望自己跟自己说，不行，我不能这么缺心眼，脑子活泛活泛，得给自己另找出路！

其实，人家大画家吴镇就曾经在嘉兴、杭州一带依靠卖卜为生。

从这一点经历上，吴镇和黄公望很相像，但是人家吴镇最后成了大画家了，黄公望怎么就不成呢。

论天资，谁能比谁差到哪去？

而且在绘画上，黄公望也是很有基础的，他自己也想，如果我能把这一技之长拾起来，访名师拜高友，假以时日，我必能够成为一个了不起的艺术家呀。

哎，就这么着，这位黄大爷，就开始正式走上了他的艺术道路。

老天爷饿不死瞎家雀儿，简段截说吧，又过了不少年，黄公望早已经今非昔比，成了当时艺术圈里头有一号的人物了。

回过头来他想想，人生之路有时只在一念之间。

今日我也成了受人敬重的画家，富豪乡绅跟我结交，向我求字儿，求画儿，这些年我也曾遍访名山大川，到处写生交友，也认识了不少上流社会的人，尤其是很多世外的高人，有些是佛家的，有些是道家的，跟着他们打交道的同时，似乎从他们那儿学到了很多前半辈子学不来的东西。

渐渐地，受宗教思想的影响，黄公望的人生观、世界观和价值观在他年逾天命之后，又发生了很多改变。

后来，一种近于隐士的道家思想，超然脱俗的淡泊的境界开始占据他的心灵。

终于，黄子久先生于天历二年（1329年）与志同道合的倪瓒倪云林一起怀着激动的心情光荣地加入了全真派道长丘处机的宗教组织。

后来，当黄先生每每被人们问起为什么最终加入了全真教的时候，他总是摆摆手，谦虚地说：“昨天，我怀着激动的心情向教组织提交了我的申请，今天，我虽然有幸被组织上批准，但我深知，在我身上还有许多缺点和不足，我以后仍本着吃苦在前，享受在后的原则严格要求自己，接受广大群众的监督，争取早日在思想上，从灵魂深处做一名合格的全真派教徒!”

群众无一不爆起了热烈的掌声：“嚯！太了不起了，没想到你这厮归隐了以后，打起官腔来比你在局里那几年还顺溜儿呢!”

群众很感动，很感动……

玩笑话归玩笑话，那么说全真教派到底是个什么样的宗教，我想在这里有必要稍微普及一下这方面的知识。

全真二字取“去伪存真”之意。

所谓伪，指一切虚妄的概念，我们知道佛家对于虚妄是有定义的，“凡所有相，皆是虚妄，一切有为法，如梦幻泡影，如露亦如电，应作如是观。”（《金刚经》）所谓欲者，诸如贪嗔痴慢之类，佛家讲“财色名食睡乃地狱之根”。这些世人所热心追逐的，皆为虚幻。

按照僧道本是一家的观点，在这方面，两教派应该有相同的地方，故都讲“摒弃虚妄，全其真之意也”。

在元代，全真教算是当时宗教当中影响力比较大的，尽管有佛教对它的冲击，但是总的来说，统治者对于全真教还是很包容乃至于支持的。

一方面，黄公望本人对于儒、释、道三家来讲，更倾向于道教，全真派正好又是道教中的一支，另一方面，道士在当时不论是社会地位还是享受的权益都是比较高规格的。

所以我想黄公望在选定自己的确切信仰的时候，是考虑到这些因素的。

时光荏苒，岁月穿梭，几十年过去了，这时的黄公望已经是白发苍苍一老翁。

有这么一天，他跟他的老友无用上师（这个名号很伟大，诠释了这位高人一生的作为）一起漫步回到了自己晚年的富春山的居所。

路上看着富春江两岸的景色，不由得感慨万千，二人遂一拍即合，产生了画一幅风景长卷，以借景抒情，抒发一下隐居山林之后那种淡泊明志宁静致远的情怀。

如果画好了之后，便赠予友人，也就是这位无用上师，聊表情谊，宜哉，宜哉！

这便有了《富春山居图》的创作萌芽。

他大致经历了三年左右的搜集素材，实地考察。

他平时也注重多做些写生和习作，古代画家要画出一幅好的作品都是要经历这样一个过程的。其实现在也一样，不管是国画还是油画，刚开始的时候都得实地写生，画点速写啊、小品之类的回来，然后在画室里自己再整合素材，研究构图，都研究好了，最后再开始正式的创作。

国画里管构图叫经营位置，宋元时期的山水画构图中采用散点透视法的为多。

他这幅《富春山居图》也不例外，六米多长一幅卷轴，拉出来细溜长一条儿，有远山，有近景，湖水隐约若现，用飞白表示，这是整体上给人错落有致的感觉。

细节上黄公望也不放松，你像树木啊，山石啊，房舍什么的，几乎都非常认真地一一刻画完备，不留瑕疵，可谓一丝不苟，可见人家老爷子对这幅作品的认真态度。

到了第三年的头儿上，也就是至正十年，公元 1350 年。

黄老爷子把笔往桌上一搁，退到远处仔细端详一下自己的作品，还行，挺满意的，不错不错，自己暗自点头。

画画人的心态我比较了解，如果他们的作品自己满意了，那心里头喜悦才是由内而外的。

但是，多数情况是画家对自己的画都不满意，老觉得哪儿还差点什么似的，但是又觉不出哪有毛病，反正就是看着别扭。

哎哟，心里那股子拧巴劲儿能弄得你吃不下饭睡不着觉的，老想着再看一眼我那画儿去，看看到底哪有毛病，恨不得半夜里都得爬起来瞅一眼，跟做了病似的！

从《富春山居图》的画面上来看，不敢说绝对完美无瑕吧，至少也是尽善尽美了。

总之，对于这幅画的水准，黄公望也没有理由不满意了。

你想啊，他都不惜花了三年时间专攻这一幅画，最后关头了，难道还舍不得再花一点时间修改不足吗，他既然收笔了，就说明确实恰到好处了。再画，没准儿就画蛇添足了。

满意，题上款，送给这位无用上师。

从1350年这一年开始，随着这幅传世佳作的诞生，如同别的国宝级别的书画作品一样，《富春山居图》的坎坷经历就此启程，一分钟没耽误，自打有了第一位藏主，也就是无用上师，这幅画就再也没消停过。

当年无用上师讲这幅画因为太过名贵，所以担心流传后世以后，会遭人“巧取豪夺”，给人感觉这位大师还挺能料事，细一想根本不是那么回事。

他这话说了跟没说一样，一句典型的废话，可不得巧取豪夺吗，国宝不都是这样吗，名家的传世名画流传到后世，有几幅是安全的?

只要是这幅画价值连城，就永远免不了是非。

那会儿跟现在没法比，现在我们有博物馆、美术馆，由国家给保护着，定期向公众开放，老百姓都能有幸看上个几眼，过去民间流传，那是相当危险的。

果不其然，无用师作古以后，《富春山居图》在民间一流传开，就被居心不良的人盯上了。

俗语讲得好，不怕贼偷，就怕贼惦记上。

不过，这里头要是没有沈周拿出来臭显摆，这贼也惦记不上。

这段经历就好像《西游记》里孙悟空拿唐僧的锦蓝袈裟给观音院的金池长老卖弄一样，最后袈裟弄丢了。

如今的《富春山居图》跟当年的锦蓝袈裟是如出一辙，这档子事是由打明朝成化年间大书画家沈周开的头儿。

从元末到明朝中期这一百年间没有很明确的关于《富春山居图》下落的说明。

所以我也不能瞎编，因为咱们在这儿说的都得是正史记载的，没根据不能给人瞎白话。

我就先紧着我清楚的写，到不到的您老几位多包涵吧。

话说在成化年间，沈周家中又添置一宝，这宝贝不是旁的，正是黄老太爷当年为无用上师所作的《富春山居图》!

而且是真迹，这一点得说明了。

《富春山居图》诞生一个世纪以后，辗转归属到了沈周这个著名的藏家手中。

说到沈周这个人，中国书画史上有他一笔，如雷贯耳啊，但凡是文人，而且还得是名人，都有这个收藏天下名画名帖的愿望，以凸显自己的格调。

有的人有钱，没准儿有路子能弄到点儿好玩意儿，淘个宝什么的；没钱的，或者不是那么富裕的，要是能得到一件稀世珍宝，那就更是了不得了。

沈周就是后面这一种情况。

咱们可以假想一下，如果您是沈周，本来就极为推崇黄公望的艺术，今天有幸能得到真迹，而且是世人竞相追捧的真迹，如今落到自己手里了，应该是什么心情，您闭上眼想去吧。

一般来讲，真正意义上的骨灰级收藏家和收藏爱好者都有一个共性，就是对文玩字画的喜爱几近痴迷。

比如说我得到了一件什么宝贝，我能把它颠过来倒过去看上一天加一宿不带腻的。第二天两眼通红，上医院找大夫瞧，大夫说你这个没事儿，下回再看东西的时候抽空眨下儿眼。

敢情俩眼睛都拿火柴棍儿支着呢。

就这么痴迷。

这还真是共同点，宋代李清照的丈夫赵明诚在山东淄博任职的时候，偶然的机会，得到一件珍贵的《楞严经》书法，谁写的？白居易。赵明诚别的事全都放下，不干了，把这套书法往桌上一摊，叫上李清照，俩人就开始细细端详，从白天一直看到半夜，不夸张。

好多收藏家都这样，上市场上捡了个漏儿，买回来喜笑颜开，半夜捂被窝里拿个手电棒照着看，看得俩眼儿发直。

这就叫酷爱。

沈周必不例外，没日没夜把心思放在这幅《富春山居图》上，恨不得钻进去，喜欢得跟什么似的。

但是有一点，沈周毕竟是大画家，艺术品位也很高。他看一件作品的时候不像外行光看看热闹就行了。他不介，他还想给这幅画品评品评。

品着品着，他就发现美中不足了，心里头又高兴又别扭。

高兴什么呀？前代大画家的作品，我能看出问题来，说明我的水平吧。

别扭的是为什么那么了不起一位大师，这么关键的问题却忽略了？

什么问题呀？

沈周认为这幅画空空落落的，缺少名人的题跋。

一般书画作品前有题，后有跋，名人盖章收藏，加在一起就完整了，现在这幅《富春山居图》给人一种四白落（此处音：lao 四声）地的感觉。不行，我得让这画儿在我手里加以完整化，得写个题跋。[①]

问题是自己写？还是叫别人写？

叫别人写！

肯定得叫别人写，要不然体现不出来我沈周的能耐来！

别人弄不到的东西现在被我所拥有了，正好借这个机会拿出去显摆显摆。

你要是没个节骨眼儿就大张旗鼓地把东西亮给别人吧，就感觉你这人好卖弄，太张扬了。

---

① 四白落地是个俗语，大抵是从《汉书·司马相如传》中来的。在司马相如遇到卓文君之前，家境十分贫寒，史书记载，司马相如早年跟随梁王刘武，但是梁王刘武死了之后，司马相如生计又无着落，只好回到四川老家。“相如归，而家贫，无以自业。”（《史记·司马相如列传》）后来，一旦我们说谁家穷的四白落地，便是指家中没有像样的家具，如果真像成语中所描述的只剩下四扇墙壁未免过于夸张了，但是可以肯定，这家人一定困难到了捉襟见肘的程度。同时，还有“室若悬磬”，“还堵萧然”等同类成语。我们平时说什么东西“四白落地”，也在形容一个事物给人视觉上空空如也的感觉。

中国文人不是讲究含蓄吗，好，我找一个事由，给人感觉我是为了请人题款才把宝贝拿出来的，不是我自己要炫耀，这样一来就自然了。

其实都一样，就是他沈周自己感觉不一样。

对，说干就干，找朋友，好让别人羡慕羡慕我！

祸，就从这里开始。

千不该万不该呀，沈周把名画真迹带到朋友家去了。

让人家给题个款，拿就拿吧。最要命的，你走的时候还不带着。把画还就搁人家了，你这不存心找倒霉吗。

其实沈周这位朋友倒没什么，关键是他们家还有一大儿子呢。

就这儿子，老百姓讲话叫“混不吝”呐，他动了歪心思了，认准了这幅画是传世名画，今天有机会留在我们家，这个机会哪找去。

说天上掉馅饼？不介，这掉得可比那全乎，这家伙天上掉馅饼、米饭、尖椒土豆丝儿、鸡蛋西红柿汤、打折卡、牙签、漱口水……

他儿子就跟他老爹耳朵根子底下磨，说这东西怎么怎么好，既然到咱家了，千万别让它再飞喽。

怎么看这事儿怎么像《西游记》那一番儿，当时唐僧也是把袈裟留在金池长老的禅房里，然后也是师祖手底下一个小和尚在边上撺掇，一通煽动之后，给家大人说动心了。

今儿个沈周这位“损友”也是这路子，刚开始还得心里打鼓：这事儿合适吗？人家特意让我给题字是瞧得起我呀，我如今做出这等事来？

好心架不住儿子哄啊，他说爸爸您甭犹豫，这就是机不可失失不再来，您回头就告诉他家里闹贼，宝贝给偷走了，还可以做得更逼真一点嘛，把咱家几样值钱东西给藏起来，完就说贼一块给偷的，里面包括那幅画，不就完了吗？大不了再赔人点钱，您信我的，只要有这幅画在手，赔他多少钱咱们都不亏。

父亲暗自点头，罢了！好儿子出息了，如今已经学会坑蒙拐骗了，以后大有前途！

成，就为了儿子这种成长，这得罪人的事，我干了！

您瞅这份昏君劲儿的。

具体说到了后来沈周登门来要画，那人怎么怎么死皮赖脸地矫情，现场是什么样的状况，估计您各位想也想得出来，我也就不说了。

反正总之到最后沈周是无功而返。

人家沈周是文化人，文化人拉不下脸子来，要搁一般的北京大爷，你说画丢了，我一拍大腿：姥姥！（老北京话，表示极不满的情绪）你糊弄日本鬼子呐！是不是你给咪了！今儿个交出画来还则罢了，如果不交，打今儿起，我让你们家天天换玻璃！

没准人家一服软，把画乖乖交出来就没事了。

沈周在人家拒不承认的前提下，灰头土脸、捶胸顿足地回家了。

实指望这件事情就这样过去了，万没想到，时隔不久，沈周又一次逛画摊儿，偶然间眼前一亮，一幅熟悉的画卷呈现在他的视线之内。

这幅画您猜得出来么，正是前些日子一去不还的《富春山居图》！

都说无巧不成书啊，咱们这事真叫巧，但是这可不是说书，这是历史。

那户人家的儿子果然是目光短浅，识不得宝贝的价值，只知道它值钱，赶紧兑现是真的，所以卖给了别人。

具体卖了多少钱不清楚，但是可以肯定的是，少是少不了，但是肯定也不多，要不然不会出现在一般的画摊儿或者画店里。

当时沈周的心情，劳驾您再闭上眼替他切身体会一回，估摸估摸他的情绪。现在就有一个机会摆在眼前，宝贝还有失而复得的机会！

沈周仔细看了看，没错，真迹，我之前在家成天不干别的，就看这幅画，背都快背下来了，还能错的了？

沈周当时是想一咬牙一跺脚给它买回来！对，买！

买不了！

为什么？

兜里没钱买个大和尚啊。

没钱不要紧啊，凑啊，砸锅卖铁求爷爷告奶奶我把银子给你凑齐了，也要买回来，告诉卖主说等着我啊，我不回来不许收摊！

咱们长话短说，待沈周把钱凑齐了之后返回卖画的地方一瞧，肠子都快打结儿了，那幅画刚让人给买走了！

沈周是一肚子气啊，说你这人怎么搞的，告诉你等我等我，做生意怎么不讲信用的！

那人说废话，瞅你这模样谁知道你凑的来钱凑不来钱！？好不容易有一买主我不紧着眼前我等你干吗呀，万一你没凑够钱不回来了我这到嘴的鸭子也飞了，我那叫冤大头啊。

这话如把把利刃扎进沈周的心窝呀。心疼不说，令人扼腕叹息。

这就是无缘才致使我与名画擦肩而过，失之交臂。可是老天爷还是不公平啊，既然注定我与此画无缘，为何还要让我曾经得到过它呢？

早知如此，当初敬而远之岂不是更好吗，何至于我如今心里存下了这抹不去的伤痛。

老天爷，你这叫造化弄人呐！

唉！

实指望这件事情这回才算是真正到此为止了，可是谁也料想不到，接下来竟然还有后文！

沈周的心里永远磨灭不掉对于旧藏《富春山居图》的情感。

他把这种强烈的情感转移到了自己的绘画上，他趁着现在对这幅画还有着很深的记忆，抓紧时间尽自己的最大努力把《富春山居图》重新默写下来，形成了一幅全新的、出自沈周笔下的新《富春山居图》。

书画史上管沈周的这幅画称作《仿黄公望富春山居图》。同样是不朽的杰作。

沈周的这种作为一方面是情感的转移，寄托自己的哀思，另一方面是出于对这幅作品确实的爱之入骨。

失去了，我就算是背临，也要给它复制出一幅来，不甘心就这样失去了它，这样一来，好歹《富春山居图》并没有真的背叛我沈周，你看，它还在我的家中。

书画临摹有两种，一种是照临，一种是背临。

照临就是可以参考蓝本，背临则反之，所以背临的劣势在于不可能保证与原作十分相近，多少都会有些出入，但是好处在于正因为没有原作的控制，也就给了作者一些自己的发挥空间，尤其是像沈周这样的大画家，他还能借着记忆的空白把自己的才能也施展进去，实现自我的二度创作。

于是，源于《富春山居图》而脱胎出来的新《富春山居图》借着沈周几十年的高深艺术造诣，又成为了另外的一座山水画高峰，与黄公望的作品可以隔空相望。

所以这幅作品的艺术价值，不仅仅是临摹，也是一种翻新。

但是，话又说了回来，毕竟不是原作，沈周看着这幅画，就想起心里那股子窝囊劲儿了，所以反正画也画了，也没什么好遗憾的了，索性把画送予一个朋友，这个人有名可查，叫樊舜举。

樊舜举知道沈周的这段经历，心中也就记下了这件事情：《富春山居图》，以后自己要是在什么地方碰见了，不能让它再流到别处去了。

这玩意等是等不来的，得自己去切实打听，樊舜举四处奔走，寻访《富春山居图》的下落。

别说，最后还真让他给找着了。

《富春山居图》的真迹没错，樊舜举有钱，肯花重金，当即就把这幅画给买了回来。

从这一点上，不是咱们庸俗，说真的，就是有钱好使。你看看人家沈周，就是因为一时拿不出钱来才干瞪眼儿，樊舜举呢，说买就给买了。

问题就是，买完了之后呢？

你说樊舜举要不要让旧友沈周知道？

不让他知道？可以，但是显得咱有点不够朋友。

让他知道？那咱就更不够朋友啦！

怎么呢？你说你让他知道了，说这是我买的，你只能看看？

就好比我原来有一女朋友，被一哥们给“戗”（qiang 四声，夺走）了，这还不算完，然后你还见天搂着她上我们家吃饭来？那你还是人吗，忒不仗义了吧，恶心谁呢这是？

或者就是，说这画我樊舜举买的，知道是你的旧藏，你至今也喜欢，咱哥儿俩交情不错，依然转卖给你沈周？

那樊舜举指定不能再转给别人啦，好不容易自己买的呀。

可是啊可是！天下文人“一般黑”呀，樊舜举跟沈周一毛病，看画上缺少题款，找名人给题呀！谁呢？沈周沈大师啊，当年人还送我一幅《仿富春山居图》呢，这有好事不想着他哪成啊！

但是樊舜举比沈周聪明就聪明在这，他不把画拿出去，他把人家沈周叫家里来，你当场看，看完了题，题完了您还走人，哪来的回哪，您麻利儿 play go！（玩去）干净利落脆，不留任何“后遗症”。

这样一来就算沈周想跟他那位朋友学坏都没地儿使劲儿去。

沈周就这样带着些许遗憾默默地退出了《富春山居图》的行驶轨道，您说他多冤得慌。

末末了，落一个人家樊舜举藏有两位大师的《富春山居图》，三九天穿裤头，他算抖起来了。

得嘞，沈周这一篇儿咱们先给揭过去吧，看看后面这《富春山居图》还会流向何方。

跟沈周一样，接下来出场的这位“爷”，也是一位重量级人物，弄不好比沈周还“重量”，谁呀，明万历朝大收藏家、书法家董其昌。

董其昌按说大家也不陌生了，前面提过他好几次了。但是人们可能对他多少有点误解，为了在后面的情节里，给您各位树立一个正确的人物形象，我们先通过董其昌的书法和绘画，用“字如其人，画如其人”的朴素的标准来试着揣测一下董其昌的为人吧。

大家从董其昌的书法上觉得他是怎样一个人呢？是温文尔雅、知书达理的文人士大夫形象？还是传统的典型官僚，土豪劣绅，横行乡里的恶霸形象？

不知道从什么时候开始，我们对董其昌的艺术是赞许，对他的为人是蔑视。

我们说他为富不仁，骄奢淫逸，是一个人格分裂的超级大变态。

谬误，谬误，董其昌着实无辜，为什么要骂他呢？

董其昌是一个文人雅士，不是什么坏蛋，就算我们可以不相信《明史》本传里对于他的所谓“掩饰”，其实，他的艺术作品，是董其昌最真实的写照，别小看了这些精神层面的东西，它们确实比文字记载或口口相传更有说服力，这是艺术的力量，超越了一般逻辑的范畴。

另外，当年康熙皇帝为了与江南文人拉近关系，特地选择学习董其昌的书法。如果董其昌是那样一个人人反感的人的话，康熙这么做不是找倒霉吗？

这是一位名副其实的正面人物，不仅仅是因为名气大，身份也高，他是万历十六年（1588 年）的进士，官至礼部尚书，加太子太保衔，死了之后还有谥号。①

达官显贵，又是文人士大夫，对于金石字画、文玩收藏就更是热衷。

他不仅有闲，更重要的是有钱，您有那心没那力不瞎掰吗，现在这位董大爷或者叫董大人是心足，力也足。

其实在董其昌之前，这幅画也曾经几度易手，只是名气不如现在这位藏主，所以咱们说故事得讲究择重点，卡大站，那些杂七杂八的就忽略了。

董其昌像前几位收藏者一样，看见这幅画的第一反应就是惊讶，没见过这么好的东西，恨不得眼珠子掉地上蹦三蹦，拿手捡起来现往回揉，回过神来的感觉依然是再三的赞叹。

然后呢？自然是揽入怀中，董其昌于万历二十四年（1596 年），购得

---

① 在中国古代，帝王或者将相死去之后，会根据他们平生的作为和为人的风格起一个“谥号”。西周时期实行谥法制度，但是由于秦始皇唯我独尊的思想，他不允许有下级对上级进行评判的权利，所以废除了谥法。直到汉朝建立以后才恢复了。

谥号包括褒义型、贬义型和缅怀型三种。举例说明，像“武帝”、“明帝”、“惠帝”等均属于褒义型谥号，相反，“厉王”、“幽王”，根据《谥法》，“厉”的定义是：杀戮无辜。对“幽”的评价是：动祭乱常。另外，如同“殇帝”一类，则是充满了对于英年早逝、短折不成的悲悯，与此类同的谥号还有“悼”，《谥法》曰：年中早夭曰悼。

而对于大臣，则有一些相对较为固定的谥号，如范仲淹谥为“文正”，欧阳修谥为“文忠”，左宗棠谥为“文襄”，等等。

此卷，抱得美人归，假如能把这幅画比成“美人”的话。

董其昌这个人不仅精于书画，而且书画理论水平也高。

有的人别看画儿画得好，你让他给你讲，他未必说得明白是怎么回事。还有的人，艺术不高，但是眼光高，看一幅作品，能在底下评头论足，说得头头是道，这属于理论家。还有另一种人，要手艺有手艺，而且还能出去跟人白话，这种人最全面。

董其昌就可以称得上是这种理论与实践相结合的人才。

他对于《富春山居图》评价极高。

我不知道诸君有没有这样的感觉，到博物馆看画的原作，比起看书上或画册上的复制品来，有什么不同？

看画册，给人感觉白不呲咧，干巴巴一幅画，甭管画得多好，很少能震撼到人的心灵深处。

原作就不同了，你仿佛真能体会到那个气场在。

沉下心去观摩，好像围绕在画作与你自己身体间有一种声音，那种临场的气氛必须在原画面前才有，别的都替代不了。

但是每个人身临其境所切身体会的感觉是不一样的。

董其昌用他的语言形容《富春山居图》给他带来的感觉是“如诣宝所，虚往实归，自谓一日清福，心脾俱畅”，如获至宝一样，看一眼能够达到“虚往实归”的效果。

别忘了黄公望是全真教的，其中一条重要的教义就是弃虚归实。

如果这种返璞归真的境界能融入黄公望的思想，还能透过他的运笔传达出来的话，百年以后的董其昌真能感到这种精神的存在，那就可以说是黄公望的艺术太了不起了。

而且，董其昌看了之后觉得一身轻松，心脾俱畅，达到了一种舒爽的效果，这个着实只有他能体会，我们不能想象。

我们知道董其昌可是一位了不起的收藏家，什么好玩意儿没见过，他是有见识的，不会随便什么作品都能得到他的赞誉的，而且从以上的言语来看，真是发自肺腑的感触。

不仅如此，他还曾惊呼：“吾师乎，吾师乎，一丘五岳，都具是矣。”

这是讲他观看长卷的构图有一卷千里、寥廓江天一览无余的大视野，这主要是黄公望创作的时候运用三远构图法的恢宏视角才给人传达出来的这种气势。

而且，从“吾师乎”这三个字还能看得出来董其昌在绘画方面，还是很尊敬黄公望的，有那么点儿仿古、以他为师的意思。

本来，董其昌一直以来就极其推崇黄公望。他认为黄、王、倪、吴元四家当中，当属黄公望为最。

平素里也最爱研习他的作品，本来黄公望不是位高产的画家，所以每幅作品就显得更为珍贵了。

大人物收藏的古董，一般是比较安全的。

深宅大院，家奴院工也多，看得紧，一般不会出现文物的动荡，像当年沈周那样的“低级错误”就更没有了。

所以在董其昌收藏的时代，《富春山居图》还算是相安无事，得以踏踏实实地安度了几年。

但是，好景不长，在这幅《富春山居图》流传有绪的辗转历史中，董其昌夹在当间儿充其量扮演了一个过渡的角色，而真正颠覆了这幅旷世之作命运的好戏，可以说才刚刚开始，之前那些都是小打小闹。

这是缘起于董其昌最后又把画转卖给了一个宜兴玩紫砂的姓吴的家族。

我们肯定放心，甭管是转给了谁，有哪个不像之前的沈周、樊舜举、董其昌那样把这幅画当宝贝疙瘩好好供着。

哎！您还别说，自打画进了吴家，它不仅失去了安全的保障，而且还免不了要遭受一场空前绝后的灭顶之灾。

还会有这种事儿？您若愿闻其详，就翻篇儿往后瞧吧您呐。

第十一章

一衣带水的企盼

——富春山居图（下篇）

•《富春山居图·剩山卷》
纵 31.8 厘米，横 51.4 厘米
现藏于浙江博物馆

在这一章中，您就会知道本来完整的《富春山居图》怎么会一分为二，又是如何分隔两地的。一幅《富春山居图》的仿品曾使乾隆皇帝“打眼”到近代，这几百年间没人道破其中的玄机。

如今返回头来，我们一定要感谢两个人，这两人中，如果没有头一位，我们现在根本看不到这幅画了，如果没有第二位，这幅《富春山居图》真迹传到现在，一定会是伤痕累累、体无完肤的，您知道这是什么原因吗？

本章中，我将把这两位“恩人”介绍给诸位。

历史记载的“知名人士”有很多就因为做了那么一两件事，就被历史记住了，人这一辈子做的事儿多了去了，有哪本史书写写咱们呢？

咱跟人家没法比，人家干的都是大事，您还指望扶个老太太过回马路就青史留名啦？

没那事儿，人家值不当的。

比如荆轲因为刺了秦，商鞅因为变了法，你还甭说这个了，就连项羽抹脖子、屈原跳河、崇祯上吊、杜甫撑死……就算不露脸，那人家也是

“名人”！

接下来，我着重要介绍这么一个很特殊的人，这个人很可能一辈子名不见经传，但他正是因为托了这幅《富春山居图》的福，不仅一不留神把自己的人名永远刻在了中国书画史上，而且还成为了足以让全国人民乃至世界人民感谢的对象。

一夜之间，也成了名人了。

那么，他姓什么叫什么，具体和这幅画有什么关系，他到底又是做了什么惊天动地的事儿，让我不惜笔墨为他这么卖关子？

别急，您且听我道来。

咱们书接上文，董其昌到了后期，把这幅自己收藏多年的《富春山居图》转卖给了宜兴的吴家。

一提起宜兴，您一准儿想到的就是宜兴的紫砂壶，一说紫砂壶，您肯定又能想到时大彬这个人，时大彬的紫砂天下闻名啊，玩不玩紫砂的人估计都多少有个耳闻。

但是您知道么，这时大彬跟前面提的这个吴家，关系还很密切。

而且早在时大彬以前，宜兴地面上你扫听去吧，吴家那是响当当的，搁谁都得挑大拇哥。当地一大户啊。

想当年，吴门画派一大家——文征明，他就跟吴家的吴纶吴大本私交甚密。

俩人都好品茶，闲情雅致啊。

吴纶要是最近有什么好茶壶好茶碗好茶叶什么的，要么就是给文征明寄去点，要么就是请人到家来，一同分享。

古人最讲茶文化，现在咱们一听茶道这词儿都觉得离日本近，离咱们远了，按说这不应该。

时光如梭，吴家代代相传，一面与紫砂文化有着不解之缘，一面又对中国书画收藏甚是热衷，这种热衷，一直发展到了一个叫吴洪裕的，算是到了头了。

人们都知道，吴家门儿的人，没有不爱茶壶茶具的，说白点，人家就是“倒腾”这个的。

俗话说干一行爱一行啊，但是这位仁兄却有所不同，他比起自己的父辈祖辈来，反倒更爱惜名人字画。

吴洪裕他爸爸叫吴正至，明朝参议官，因做过光禄寺丞，所以有人叫他“吴光禄”。

注意，董其昌就是把《富春山居图》卖给的这位吴正至。

后来就作为传家宝传给了儿子吴洪裕。

父死子继，天经地义，前面不是说了吗，吴洪裕最爱字画啊，他平生两大宝贝，一字一画，字是智永[①]的《千字文》，画就是黄公望的《富春山居图》，爱不释手，明亡清兴，社会动荡那几年，吴洪裕逃难都带着这两幅字画。

就这两样宝贝，吴洪裕是越看越美啊。

最后感动得不行，两行眼泪外加两溜清鼻涕，再搭上吴先生俩鼻孔离得有点远，乍一看这张脸就跟麻将里的“四条”一样。

愣能看得痛哭流涕，热爱艺术也算是古今第一人了。

不仅如此，他还专门又花钱修了一栋“富春轩”。

你听这名字，专门为《富春山居图》起的，单为这一幅画辟出一间展厅来，可见他多重视。

就是这么痴迷，这么钟情。

可是，中国有句古话，凡事过犹不及，如果做得太过火的话，有可能走向另外一个极端了。

吴洪裕这后半辈子对这幅画比对他亲爹都亲，但就是他这样地爱这幅

---

① 智永和尚，晋王右军七世孙，人称“智永禅师”。

其书法一绝，苏轼在《东坡题跋》中说：“智永禅师书，骨气深稳，体兼众妙，精能之至，反造疏淡。如观陶彭泽诗，初若散缓不收，反覆不已，乃识其奇趣。”米芾评价为：“秀润圆劲，八面俱备。”（《海岳名言》）

智永最著名的有真草千字文，相传共有八百个版本，今已流散于江东诸寺，亡逸的亦不少。

现日本藏《真草千字文》墨迹一本。

启功先生在他的《论书绝句百首》中的第七首中谈到智永《千字文》，曰：

砚臼磨穿笔作堆，千文真面海东回。

分明流水空山境，无数林花浪漫开。

画，到了他最终大限将至、弥留之际的时候，他竟然做出了一个让后辈儿孙瞠目结舌的决定。

给您一分钟，您猜去吧，可着劲地想，想疯了，您能琢磨出来他最后出了一个什么主意吗？

老爷子最后哆哆嗦嗦用手指着自己平生最珍爱的两个卷轴，跟围在身边的晚辈们说了这么句话："我要这两样东西跟着我上那边去，活着时候跟我形影不离，我死也得带着它们走。"

就这一句话，周围人都傻了。老爷子怎么啦，最后糊涂啦？您想把这两件宝贝带哪去啊，不是，带哪去都成，关键是您想怎么带呀？

吴洪裕憋了半天，从牙缝里挤出一个词儿来："烧了。"

这时候家人明白了，他这是要仿古啊，仿哪位古人？唐太宗。

遥想太宗当年，得到《兰亭》宝帖不易，奉为至宝，临终随葬昭陵，永世不得续传，见于记载："帝崩，中书令褚遂良奏：'《兰亭》，先帝所重，不可留'。遂秘于昭陵。"（《隋唐嘉话》）

真是应了《富春山居图》乃画中兰亭这个比喻了，连命运都和《兰亭序》一样。

只是随葬的人身份降低太多了，明显规格不匹配啊。

不过不管什么身份，什么地位，这是人家老爷子临终的夙愿，对于家里人来说，一家之主的遗嘱跟皇帝的圣旨就没什么区别，必须得服从。想不从都不行，不从就不孝！过去人说不孝那就是天大的罪过，所以没人敢违背吴洪裕的意愿。

《富春山居图》眼看着前脚就跨进鬼门关了，死刑已经给判了，这是板上钉钉的事了。

好歹临死有一个垫背的，不错，还有智永《千字文》陪着呢，不冤。

这头一个，先烧《千字文》，后一个就是《富春山居图》。

如果这时候把《富春山居图》和《千字文》想成俩人儿的话，他们哥儿俩这时候得说点嘛儿吧。

富说："千儿哥，咱哥儿俩风风雨雨这么多年了，也是有缘分，您先放心地去吧，老弟我接着就赶过去陪您。咱就前后脚的事儿，黄泉路上稍微等着点我，咱哥儿俩赶一块上阎王爷那报到去啊。”

千说：“放心吧，我先上那边试试水，别惦记哥哥，没辙，这就是命啊，原谅为兄的不仁，先走一步啦！”

说完纵身跳入火海，嗨，说是跳入的，还不如说吴洪裕他们家人“咣叽”一下给扔火盆子里去的呢。

历史记载是分两天烧的，头一天烧《千字文》，转过天来再烧《富春山居图》。

这位“富大爷”眼睁睁看着这一幕，《千字文》的今天也就是自己的明天，估计心说：念我“富某人”一生经历了三代更迭，侍奉了不知多少代东家，今日不想葬身于此了，可悲，可叹呐，临终之时我要发愿！我下辈子投胎千万别碰上姓吴的，而且凡是跟什么宜兴啊、紫砂呀沾边都不成，要不然准还是跳火坑的命！

第二天很快就到来了。

老爷子躺在那儿一口气儿一口气儿捯着，眼睛似睁不睁，熊熊烈火在旁边，家里人围作一团，当中有个人手托这卷《富春山居图》。

时候差不多了，烧吧，烧！

那人把画扔进火堆里了，常言道水火无情啊，火苗子一遇到可燃物一会儿就涨起来了，画有些地方开始发黑了。

说时迟那时快，人群里头窜出一个人来，箭步拧腰“噌楞”一下子，稳准狠一把把这幅画从火里抽出来了，这手“啪”一甩，把上头的火苗子甩下去，另外一只手也不知从哪又抄了一幅画，迅雷不及掩耳之势往火堆里一扔。

这一幕快得也就几秒钟，那会儿老爷子估计神志不清，基本上就算咽气了，所以这一幕他兴许都不知道了。

这位“舍身救画”的大英雄是谁啊，就是吴洪裕的侄子，叫吴静庵。

他把真迹抢救下来了，扔了另外一幅画，那幅画不知道是谁画的，反正够倒霉的，成了替死鬼了，它替死不要紧呐，殊不知头里智永的《千字文》还瞎么合眼在黄泉道儿上等着他那位“老弟”呐，结果倒跟来一不认识的主儿。“千儿哥”估计得纳闷了：你谁呀？

这么一来，就应了我开头卖的关子了，这位“名垂画史”的英雄好汉便是舍身救画的吴静庵吴先生，他救的不单单是一幅画呀，他救的是国宝，是历史，是文明，是一桶一桶白花花的银子！

您说，全国人民应不应该感谢他，应不应该记住他？没有他，我《富春山居图》这段历史的后半段都不知道写啥了。

不过，我也不能报喜不报忧，画虽然“活”了，但是毕竟大火焚烧之后落下了点终身“残疾”。

怎么呢？在画的中间有些地方已经被烧毁了，画不完整了，有很多残破，不能就让它这么“残”着呀，得给它做个手术。

找人，找专家修复。

古董商吴其贞素来以鉴赏文物和修复文物著称，在当时也属于名家了，吴静庵拿着残破的《富春山居图》交到他手里接受“治疗”。

吴其贞瞅瞅这幅画，再看看边上忐忑不安的吴静庵，一边儿嘬着牙花子一边撅嘴。看情况是不乐观。

“这画怎么样，您瞧还能修复吗？”吴静庵俩眼直勾勾盯着吴其贞。

“估计悬了，你这中间几尺的面积都给烧出洞来了，整个构图已经给损坏了，再加上黄公望的手笔天下无双，没人能接得上他的画风，所以填都填不上。够呛了，哎？不过你们家人可也够邋哈（lǎ ha 马虎，不注意）的，这么名贵的画儿也不看着点，怎么烧成这样啦?!”

“嗨，甭提了，我们家老爷子，前些日子‘过去’了，这不没几天的事儿么，生前就爱这幅画，临终的时候非让给烧了陪葬，我觉得烧了太可惜了，就脑子一热，当时什么也不顾了，把这幅画从火里又给刨出来了，可是刨出来就已经这样了。这还亏了我眼疾手快，再慢点不定都烧成什么样儿了呢！”

“哦，这么回事啊。”

吴其贞顿了一顿，说：“修是修不了了，至多呀，能把烧掉的部分切除，保留尽量完整的构图，给你截成两张，每张都给你装裱好了，保证别人看不出来这是剪切过的。可有一样，就是原本是一幅画，现在变成两幅了，能行吗？”

“嗨，事已至此，聊胜于无吧，两幅就两幅吧，烧了就什么都没了，这还多出一幅来呢，还赚了呢。”吴静庵无奈地说。

“得嘞，那你放心吧，这事儿交我了。”

就这样，吴其贞对这幅“残疾”的《富春山居图》做了“截肢”手术。由打当中一分为二，坏的部分切下去，保留两幅相对较为独立完整的构图，重新加以装裱，成为了一长一短两幅《富春山居图》。

长的那幅重新命名为《富春山居图·无用师卷》，短的那幅重新命名为《富春山居图·剩山卷》。

完事之后，吴静庵见两幅作品各自构图完整，独立成篇，衔接得也是天衣无缝，这么说吧，如果没人说，你就绝猜不出来这俩本是一幅画，修得就是这么完美。

为了答谢吴其贞，吴静庵就把短的这幅《剩山卷》当做酬谢赠给了吴其贞，自己家里好好珍藏这幅长的《无用师卷》。

《富春山居图》虽然得以存世，但是，它从此以后将永远身首异处，不能再给世人展现它完整时的样子了，令人想起，甚为怜惜。

花开两朵，各表一枝。至于说那幅《剩山卷》由吴其贞收藏以后又转与何人，待多少年后又重现江湖云云，咱们暂且不提，单说那幅保留着《富春山居图》大部分主体画面的《无用师卷》经过了吴家多年传承之后，又落入了一位新的大人物手中。

上一个收藏过《富春山居图》的“大人物”是明代的董其昌，而现在这位“大爷”，那身份可比董其昌还要高得多得多了，他称得上是有史以来地位最高的文玩字画收藏家，前无古人，而且后无来者。

说了半天那么热闹，这个神秘人物是谁呀，不是别人，就是大清朝的

"风流大帝"乾隆爷![1]

这幅画最终还是落到乾隆爷手里啦。

话说这天下的宝物，有几件能逃得过"您"[2]老人家的法眼?

乾隆爷大有阅遍天下美女、赏遍四海珍玩的雄心壮志，一听说民间流传有黄公望的《富春山居图》，真是连个"奔儿"都没打就下了一道旨意，征召《富春山居图》入宫!

打这儿起可了不得了，民间的仿品如雨后春笋一般蜂拥而起，就跟下雨之后的"狗尿苔"似的顺着两溜儿墙根"刷"一下就涨起来了。

但是毕竟这帮人作伪技术有点儿"缺练"，画得也不行，还没到皇上跟前呢就被"毙"了。

要说能够过五关斩六将的，就有这么一幅，被当做了《富春山居图》的真迹，呈到了乾隆爷的龙书案上。

当然，这幅也是晚明的人仿的，只不过这位的手艺比一般人都强，画得几乎乱真，让宫里的那帮专家也都打了眼了。

这幅画历史上称为仿《富春山居图》之《子明卷》。

乾隆的鉴赏水平说句实话，跟他写的诗似的，一瓶子不满，半瓶子咣当。

所以宫里的专家都没看出来的画，到乾隆眼前也就那么回事，还能指望乾隆看出这幅画的问题来?

所以他特高兴，一拍大腿，宣布，这幅画为真迹，朕收藏了。

被乾隆所收藏的画儿啊，下场只有一个，就是"惨烈"。

因为这位大爷有一个巨大的嗜好，就是写诗，他一个人写的诗都赶上

---

① 康熙皇帝就像唐朝的李世民，一生兢兢业业，打出一片稳定的江山。乾隆就像李隆基，能够把祖辈留下的家业推向顶峰，同时也在自己的晚期衰败。

乾隆也和唐明皇李隆基一样有很高的生活情趣，李隆基爱听戏，乾隆爷爱好更广泛，琴棋书画、诗词歌赋无一不通。下江南，走一路爱一路，风流一路，无拘无束，那叫一潇洒。潇洒走一回? 他都潇洒走 N 回了。在位时间也长，满打满算 64 年，超过他爷爷 3 年。应该说，他是清朝关内关外 12 位皇帝里最有福气的了。其实顺治帝也挺有福气的，但是他不像乾隆能活那么大岁数。

② 现在的人称呼对方，敬语是"您"，其实相对应的，对第三方的敬语就是"您"。发音跟"摊煎饼"的"摊"是一样的。从字形上也能看得出来，"您"是说明把你放在心上，"您"就是把他放在心上，表明一种尊敬。

《全唐诗》的数儿了。

都说李白杜甫如何如何，但是看看人家乾隆爷的御制诗集，那家伙厚的，扔出去能把狗砸一跟头！

乾隆一看这幅画构图上有那么多留白呀，好啊，这不给我机会了么，就别愣着了，抓紧往上题诗啊！

乾隆爷写诗刹不住，写一首想两首，最后都到什么程度了，自己都提醒自己：不能再写了，写完这首再也不写了！结果瘾头一上来，接茬儿写。

一年以后，宫里头又来信儿了，又一幅号称《富春山居图》的画被征召进宫了，这幅画其实才是真正的《富春山居图·无用师卷》呢！同样，呈到了乾隆的驾前。

乾隆一看，这幅画得也不错呀，跟一年前那一幅有的拼呐，拿出来对比对比。

两下一比较，乾隆爷也难分伯仲，这两幅必有一个是真，一个是假，谁真谁假，等着万岁爷龙谕天裁呢。

你当乾隆有主意呐，他早“蒙”了——

他以前早就拍过板儿了，被涂得跟花瓜似的那幅是真的。新来的这幅要还说是真的皇帝的面子往哪搁呀，这不自己抽自己嘴巴吗。

对，先甭管真假，龙颜要紧，乾隆斩钉截铁：朕早已做过决断，前一幅为真，后一幅虽为仿效之作，但尔等素知朕对艺术品胸怀广博，念其画得还不赖，朕亦怜之，扔了怪可惜的，一块藏入大内吧。

说完拂袖而去，只剩一帮大臣匍匐在地，口念：“吾皇圣明，万岁万岁万万岁……”

看皇上走远了，这帮大臣才起来，这个跟那个说：“皇上什么眼神儿啊，后面一幅才是真迹呐！不怕不识货，就怕货比货，这两幅画都摆一块了还看不出好歹来?”

那个说：“哎！别说呀，哄万岁爷一乐呵呀，他不乐呵，咱能乐呵得了？今儿这事儿谁可都不许说啊!”

……

皇上跟大臣之间就是这样，天子一意孤行，臣子百顺百从，皇上说一，没有说二的，这皇上要说元宵是黑的，正月十五家家儿煮碗煤球喝。刘宝瑞那相声怎么说来着：皇上哪怕赐给大臣一张草纸，这位大臣也要恭恭敬敬拿黄绫子裱起来，供到祖先堂，晨昏三叩首，早晚一炉香，当做光宗耀祖显耀门庭，皇上御赐的——擦屁股纸！

就这么厉害。

• 乾隆爷的"戳儿"

所以要说皇上今儿个打了眼，那不新鲜，皇上见天儿打眼玩儿，为什么呀，没人敢告诉他呀，你知道你哪句话踩皇上尾巴了，他一不高兴，明儿抓个错，你就吃不了兜着走。

弄得大臣基本上都是闷葫芦，心里明白嘴上不说。

大臣不说，皇上就一直拿这幅真画儿当假画在宫里搁着，没事也不怎么动它。

这倒又救了《无用师卷》一命，别的画儿乾隆今儿拿红笔提一句，明儿拿红笔提一句的，都快变成"语录板儿"了，就这幅《无用师卷》干干净净，上面什么多余的都没有。

这不是"塞翁失马"吗。

而且藏在大内还安全，有将近200年的时间，它没有任何的辗转或是受到损伤，安安静静一闭眼，再一醒来就已经是民国了。

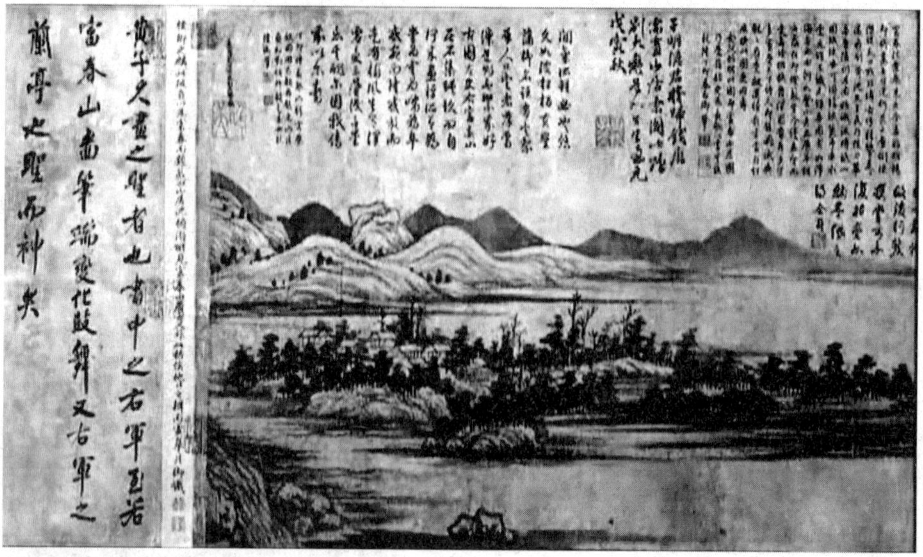

• **《富春山居图·子明卷》**

“传说中”的《子明卷》，说真的，要是没有《富春山居图》在前，这幅画没准还真称得上是一幅上乘作品呢，可惜呀，仿品毕竟是仿品，这辈子都逃不出《富春山居图》的阴影了……

一般来讲，兵荒马乱的时候是对于文物的一种摧残性考验，有多少珍贵的国宝在一次次战火交织中或毁于一旦，或销声匿迹。

可战争不能避免，尽管《无用师卷》在皇宫中被稳稳地保存，但是当1933年1月3日，日本军队打进山海关，紧跟着2月7号，北平故宫文物就得大规模转移到安全地带，大抵有2000余箱运往南京。

上百万件大小文物均被转移，后来战火蔓延，这些文物又分批从南京转移到川贵一带，纵观历史，这也算一次文物的“长征”了，我们的《无用师卷》也自然在这当中。

等我们把日本鬼子打跑了之后，这一大批文物又绕回了南京。

那时候的南京是国民政府，南京的“京”就相当于现在北京的“京”。

但是，尽管日本人走了，我们国内的革命还没有完全大功告成，国共之间仍存在着矛盾，有待统一解决。

在1948到1949两年间，我们这边儿打着“三大战役”，国民党那边儿分批往台湾撤。不仅人撤，物也跟着撤，凡是有价值的，能往那边运就往那边运，一箱一箱的。

咱们这儿也不能眼睁睁地看着“敌人”把我们老祖宗留下的好玩意全都带走啊，咱们当时能“截和”吗？

还真截不了，怎么，当时咱们的胜利是靠着人民战争的汪洋大海，论硬件咱们是小米饭，南瓜汤，一根扁担扛在肩。国民党都是“美式装备的白虎团”，他们基本掌握着制海权和制空权，海运和空运的运输工具悉数为国民政府调配，咱们划着小船板儿估计赶不上人家，所以我们当初是有那心没那力，想截截不住！

可惜了。

不过没关系，咱们照样“宜将剩勇追穷寇”，“天翻地覆慨而慷”啦。

闲言少叙书归正传，《无用师卷》就这么着被我们另一拨同胞带到了宝岛台湾悉心照料。

我们这边其实也很是放心，它现在在台北故宫博物院被奉为上宾，彻底的安全了，不会再有什么贱卖呀，焚烧啊，被冤为赝品之类的事情发生了，现在没有了，相信以后也不会有了。

可是还有一个问题没解决，现在《无用师卷》让我们心里踏实了，不是还有一小段儿呢吗？

• **吴湖帆**（1894—1968）

初名翼燕，后更多万，又名倩、倩庵，字遹骏，东庄，别署丑簃，书画署名湖帆。江苏苏州人。擅国画。历任上海中国画院画师，上海美术学校、上海美术专科学校、浙江美术学院国画教师，上海大学美术学院副教授、中国美术家协会上海分会副主席。

《剩山卷》半天都没出来了，它在哪儿呢？

您别急，我先来讲一个故事，这里面就有咱们《剩山卷》的下落。

民国二十七年（1938年），著名文物鉴赏家吴湖帆老先生正挨家养病呢，最近这两天身体有点不舒服，一赶上阴天下雨就有点胃疼，身上老觉得那么不得劲。

这天，家里头来了一位客人。

"哟嗬，吴先生，冒昧啊，冒昧，有日子没看您来了，这不，给您带了点水果。"

来这主儿谁呀？书中代言，这位是当时有名的古玩商曹友卿。俩人有些交情。

"你来啦，快坐吧，我这不舒服也起不来，我就躺着跟你说话得了。"

"没事，您怎么舒服怎么来，咱俩谁跟谁呀，在哥们儿面前甭说躺着了，拿大顶都行。"

"哪那么些闲话呢，说吧，找我什么事啊，我看你还拎着个包，你这厮一般没事不带来的，上回大伙好不容易说聚聚，瞧你这推三阻四劲儿的。"

"嗨，那阵儿不是忙吗，您看我现在一有功夫不就主动看您老人家来了吗，而且我还给您带了件玩意儿呢，请您给掌掌眼①。您不是鉴定界有名的'独眼儿龙'吗！"

吴湖帆这个气呀："再告诉你最后一回，我是收藏界'一只眼'，什么独眼儿龙啊，瞅你这样，之前你不定跟多少人说过我是独眼儿龙了呢，我这名声在你嘴里算完喽。得了，我还是看看你今儿拿了什么东西吧。"

曹友卿把包打开，里面是一个小盒，打开小盒，里面还一小盒。

吴湖帆说："别折腾了，里边就一纸条，上写俩字'挠挠'！你这番儿

① 在古玩行里，有些东西自己拿不太准，让懂行的人来帮着看看真伪优劣称之为"掌眼"。一般来讲，给别人"掌眼"的人承担着很多无形的责任，这不同于严谨的鉴定行为。有时会碍于情面，有时候受水平的限制，一旦轻易为别人的藏品做出了判断，那么如若出现了失误，比自己"打眼"出现的误判后果还要严重，它牵扯到了自己的口碑和声誉。所以有很多资深的藏家也不敢轻易为别人"掌眼"。

打马三立以后就不灵了知道么。”

“别开玩笑了，您看着呀，我这是为了保护我这件藏品。”

打开一看，长一尺余，宽一尺，一幅山水画。

看到这，吴湖帆这俩眼机灵一下，猛地一下坐起来了，吓了曹友卿一大跳。

“我看看，我看看！”这俩月以来吴湖帆没这么精神过。

曹友卿一看这位这么来劲，心里知道了，我这东西这回估计错不了，吴湖帆的眼力在这行里有一号的，可是，到底是什么宝贝他能看得这么入神呢。

“您看看，我这东西，怎么样？”

吴湖帆跟他说：“你知道这是什么吗？”

“您说呢？”

“这是当年黄公望的真迹《富春山居图》的前半截儿呀。”

“就这个？”瞅着眼前这幅黄不呲咧、旧了吧唧的小画，能是当年黄大师的原作？曹友卿有点不相信。

“火中救出，经后人修补，没错，就是它，哎呀，想我鉴赏界的‘独眼儿龙’，不是，‘一只眼’吴湖帆活了半辈子了，能有幸看见这幅名作，不枉此生矣！曹先生，我有一个小小的不情之请，这幅画对我来讲是太重要了，您看看能不能把它卖给我，您开个价钱吧。”

曹友卿一听这话，心里打鼓了，知道这是个好东西。

自己倒腾古玩这么多年，好东西没少遇见，可是这么珍贵的东西还是不多，他犹豫要不要把这幅画卖给吴湖帆。

想来想去还是不卖的好，就跟吴湖帆说：“吴先生，您这看了两眼就认定真假我觉得不妥，当然了，您要是真喜欢，卖给您当然是没问题了，但是万一您花钱买回来了，细一研究发现东西不对，您不就吃亏了吗，所以为您着想，劝您啊，先好好琢磨琢磨，要是真琢磨好了，我改日再拿着东西来都成。”

“不用了，错不了，绝对错不了，估计你是不舍得，不要紧，这样，我这还有一件青铜的重器周敦（一种食器）。我拿这个一块换你这幅画。”

吴湖帆说。

曹友卿一听，觉得吴先生这回似乎是铁了心了，我先看看这周敦好不好吧，要是东西好呢，索性就跟他换了。

曹友卿接过青铜周敦来，仔细端详。

吴湖帆道："别看啦，商周时期的，错不了！"

"啊！？什么您呐？上周的？"

"商周！什么耳朵呀！"

这是吴湖帆家中珍藏的宝器，十分名贵，东西果然不错，经过几次交涉，吴曹二人终于答成交易，吴湖帆如愿以偿，《剩山卷》到了自己的手里。

后来又过了很多年，有人劝说吴湖帆，私人收藏名画最终的结果仍是会让作品重新流入民间，你能保护得了它一生，但是保护不了它永世，这幅画别看不大，比你爷爷岁数活得都长了，你能活过它去吗。

所以，有一个道理就是：在任何文物面前，即便是最长寿的藏家，也只是匆匆过客，换句话说，不是我们收藏了它们，是它们暂时垂青了我们一下，我们应感到三生有幸，而待到我们百年之后，它们则又当如何？

只有社会，只有国家，才能长久地保护文物，让它们安全，不受到侵害，才能对于百姓有利，从而真正实现这些文物的价值。

吴湖帆终究是一个深明大义的人，1956年，吴湖帆考虑再三，决定将这幅《剩山卷》转卖给当时的浙江省革命文物征集管理委员会，也就是现在的浙江省博物馆。您现在再到浙博看去，《富春山居图·剩山卷》还在，别看就那么一小块，那可是人家的镇馆之宝。

后　记

我刚刚开始写《玩意儿》的初稿的时候正值收藏热热得快开锅了的时候，电视里关于收藏鉴宝一类的节目给我的感觉就跟德军轰炸伦敦似的，一波接着一波，完全把观众给炸晕了。在这个时期，全民呈现一种“我为文玩狂”的状态，但是每一种人表达自己的“狂”的方式不一样，有的人可能觉得资金上不太成问题，就跃跃欲试，准备跻身于收藏大军了，并且有理由认为自己在这一批人当中与众不同，绝不会当那些收藏战场上的炮灰——除了打眼就剩现眼的那种人；有的人可能家里有些传家宝，想让专家估估价，注意我的说法，不是鉴定，是直接估价，摆明了我这东西准是个真的；可能还有的人从此对文物收藏与鉴赏产生了兴趣，原来不知道，宋代五大名窑？不知道。苏尼勃青啥玩意儿？没听说过。后来通过了解和学习，成为了一名“文玩理论家”，“开片是怎么回事”、“什么叫蚯蚓走泥纹”、“什么叫蟹爪纹”……跟人家一通神侃，对不对的另说，反正都是外行。而我表现这种“狂”的方式就是拿起笔，或者说打开电脑，新建Word文档，开始白话……天上地下里里外外，但凡我知道的，感觉能有的说的，就一股脑地全都纳入其中，围绕着文玩这些被人们略带戏称地叫做“玩意儿”的古物们，结合我对历史文化和现实生活的理解，写出了一篇又一篇或长或短的独立文章，按时间顺序串起来，就成了一部集子。

《玩意儿》这个名字还真不是我起的，我的最初默认书名就叫“流传有绪”，这仅仅是个暂定名，“玩意儿”这个词一来是泛指文玩古董，而来也可以指代我的这一系列丛书，我给它的定位实际上就是一个比较普及化的，带有通俗和娱乐性质的轻松读物，捧在手里当个玩意儿读读，茶余饭后消遣一二，完事儿把书一合，您该忙您的忙您的，该约客户约客户，该应饭局应饭局，也不耽误事儿。您自要觉得通过我的文字跟您谈谈古，论论今，能有几分乐子，也能听着点文化知识，哪怕有一句话您觉得有意义，对您有所帮助，那得嘞，我的心里就已经很满足了。

依照我原本的计划，这一系列关于“玩意儿”的丛书分类是非常细致的，后来我发现我确实犯了一个错误，其实我没必要搞得这样冗长，书法与绘画可以完全合一，茶具和玉器应当放在陶瓷篇之后来讲，这样就能预先腾出篇幅来写那些我比较“瓷实”的，兴趣最浓厚的内容，比如我原计划想要推出《玩意儿》之陶瓷篇，文玩杂项篇，古籍篇和青铜器篇，这四本要是加在一起字数估计会超过50万，是我在选题顺序上出了点小错误。

用一种北京人特有的“白话”形式写社科类的文章可能是有点乌龙，但是没办法，我觉得这样写最接近我本人的说话方式，有利于我理清思路，可以一气呵成很长的段落。但是凡事各有利弊，弊端就在于我必须用明确的资料来佐证我语言中传达出来的一些知识性的东西，比如我可能随口说了一个什么事件，那么该事件的具体发生时间，地点，人物，性质，我是否说对了，毕竟大量的信息我不能全记得那么清楚，印象有深有浅、有对有错都是很正常的，就担心记忆不太清楚的时候就大约那么一说，造成了谬种流传。还有一点要了亲命了，我这人有点强迫症，有些东西非得反复确证，其实已经没必要了，但是一想到我这每一句话都是对大众的，优点没被放大呢，缺点给你来一个显微镜式的放大，于是就出现了一种情况，我可能为了推敲一个词或者一句话花费半天时间查资料，确认无误之后再往下写，就这个过程比较痛苦，别的都还好。

大致的创作过程就是这样，基本上还是比较顺的，我现在就希望能够有机会继续把这套作品继续下去，因为就我个人而言，对后面的几个题目怀有更大的期待，这里面尤其以“陶瓷篇”为甚，其中有好多章节在我脑子里已经有相当清楚的脉络了，应该能写的比前四本都精彩，所以，一方面愿广大读者能够接受这样一种比较具有我个人风格的作品形式，一方面我自己还得努力，力争让后面的作品无论在品质方面还是内容方面都可以更上一步。

高悦西

2011年12月9日写于北京市昌平回龙观